역세계화 vs. 다른 세계화
미-중 갈등과 세계화의 미래

한홍열 · 이창수 · 공민석 · 이왕휘 · 최필수

차례
CONTENTS

| 서 문 | 1 |

제1장 변곡점 위의 세계화   3

- WTO의 성취와 굴욕/ 5
- 시장과 규칙, 그리고 한계편익 체감의 법칙/ 11
- 미국의 초당적 대 중국 전략/ 18
- 바이든의 전방위적 봉쇄와 중국의 대응/ 21

제2장 자유주의적 경제질서의 기초, 글로벌가치사슬   29

- 글로벌밸류체인(GVC), 아담 스미스 핀 만들기 분업의 세계화/ 31
- GVC 측정하기/ 36
- 상호의존하는 세계/ 42
- 성장론 관점에서의 GVC의 가치/ 47

제3장 국제질서와 세계경제의 이중나선   53

- 패권은 세계를 안정시키나?/ 55
- 세계화와 미국 패권의 부활/ 59
- 패권의 모순과 위험 떠넘기기/ 63

제4장 세계를 흔드는 미국의 경제안보책략   71

- 미국의 경제책략의 선택/ 73
- 신냉전 시대를 감수할 것인가?/ 80
- 세계화에 대한 지지가 후퇴한 미국의 정치환경/ 84

제5장 중국의 발전과 경제안보의 도전   93

- 최근 10년 중국의 성취/ 95
- 경제안보의 전선에 내몰리다/ 99
- 중국의 발전에도 불구하고 여전한 질문들/ 109

차례
CONTENTS

| 제6장 | 역세계화 vs. 다른 세계화 | 117 |

역세계화(Deglobalization)는 가능한가?/ 119
글로벌가치사슬의 함몰비용/ 130
다른 세계화?/ 137
미-중 갈등과 세계화의 미래/ 147

| 참고문헌 | 159 |
| 저자 약력 | 168 |

서 문

　전망은 무모하거나 거의 쓸데없는 일이다. 미래가 현재가 되었을 때 살아남은 전망을 세어보면, 허비된 노력의 규모를 생각하지 않을 수 없다. 세계 전체와 관련된 그 무엇을 전망하는 작업에 이르면 그 허망함의 규모는 아득하다. 그래도 세계의 미래에 관한 전망은 끊임이 없다. 지금처럼 현재가 불안할수록 세상은 전망으로 가득 찬다. 전망이 미래를 알려 주어서가 아니라 우리가 불안한 이유를 짚어보는 일이기 때문일 것이다. 거의 무망한 일인지 알면서도 이 책이 세계화의 미래를 전망해보는 것도 같다.

　이른바 '역세계화(Deglobalization)'를 걱정하는 이유는 이런저런 불만에도 불구하고 오늘의 세계경제가 세계화라는 거대한 흐름에 기초하기 때문이다. 오랜 시간에 걸쳐 세계화는 글로벌가치사슬로 구체화되었고 그 위에 세계경제는 성장하였다. 역사상 유례없는 국제적 협력이 다자적 규범으로 결실을 맺는 경험도 하였다. 세계화의 수많은 문제들이 지적되어 왔지만 '역세계화'를 반기는 사람은 없고 그 우려는 매우 높다. 한 사람의 일상이 지금처럼 세계의 변화에 긴밀하게 연결된 적이 없기 때문이다. 이 책은 미-중간의 갈등에도 불구하고 '역세계화' 보다는 '다른 세계화'의 가능성을 조심스럽게 제기한다. 그것은 미래가 오늘과의 단절이 아니라 연속한 결과라는 판단과 다름 아니다. 그리고 '거의 쓸 데가 없는' 무모한 전망이 될지라도 변화의 근본을 차분히 짚어보는 작업이었다는 데 의미를 두고자 한다.

　이 책은 국제정치학자와 경제학자가 모여 미-중 갈등이라는 현상과 세계화의 미래를 논의하고 종합한 결과이다. 당연히 다른 세계관과 진단이 충돌하였고 그것은 오늘의 불안에 대한 이해를 깊게 해 주었다. 다행히 접점들을 모을 수 있었고 이 책이 가능하였다. 그러나 전문성을 유지하면서도 많은 사람들과 생각을 나누겠다는 기대가 부딪쳤고, 상충된 욕망이 어중간한 글을 낳았다는 걱정이 없을 수 없다. 코리아컨센서스연구원의 이찬미 연구원이 훌륭하게 책을 꾸며 주어 감사할 따름이다. 부족함을 채우는 일은 후일로 미룸에 이해를 구하고자 한다.

　　　　　　　　　　　　　　　　　　　서촌의 연구원에서

　　　　　　　　　　　　　　　　　저자를 대표하여 한홍열 씀

제1장

변곡점 위의 세계화

제1장 변곡점 위의 세계화

WTO의 성취와 굴욕

2022년 8월 바이든 대통령이 반도체 육성법(The CHIPs and Science Act)에 서명하였다. 곧이어 미 의회는 북미 지역산 배터리를 탑재한 전기자동차에 한정하여 보조금을 지급하는 내용의 '인플레이션 감축법(Inflation Reductions Act, IRA)'을 통과시켰다. 이 법은 국내의 반도체 생산과 R&D를 지원하는 한편, 전기자동차용 배터리 최대 생산국인 중국의 제품과 광물을 사용한 전기자동차에 대한 보조금 혜택을 제외하는 내용을 담고 있다. 북미지역에서 생산된 전기자동차에 대해서만 지원을 명시하는 소위 '특정성(specificity)'을 지닌 보조금이다. WTO 보조금 협정을 명백히 위배하는 산업정책의 전형이다. 미국이 첨단·전략산업을 적극적으로 키우고 중국과의 격차를 일정 수준 이상으로 벌려 놓겠다는 것이다.

EU 집행위원회는 곧바로 이 법안들이 WTO 규범과 상충한다는 우려를 표명하였다. 미국이 이 정도의 반발을 예상하지 못했을 리 없다. 입법과정에서 WTO 규범을 특별히 제약조건으로 고려하였다는 징후도 없다. 경쟁국과 후발 국가들의 사다리를 걷어차는 수준을 넘어 미국만을 위한 에스컬레이터의 설치에 다름 아니다. 오랜 기간 국제적 협력으로 성립한 자유주의적 다자간 통상체제가 무력화되고 있는 현 상황을 온전히 보여준다. 그리하여 세계경제는 산업 및 무역정책이 곳곳에서 충돌하는 혼돈의 시기에 들어가는 중이다. 이 혼돈은 이념적 진영 간 대립과 산업과 기술의 대변화를 맞아 우위를 확보하고자 하는 경쟁이 상승 작용한 결과이다. 세계는 2차 세계대전 이전과 같은 '죄수의 역설'을 피하고 공들여 확보한 자유주의 기반 국제협력체제를 유지해 나갈 수 있을까? 나아가 산업과 기술의 대변화를 반영한 새로운 체제를 만들어 낼 수 있을 것인가?

1995년 국제사회는 세계무역기구(WTO)를 설립하는 데 성공하였다. WTO는 20세기 후반에 걸쳐 진행된 세계화의 정점을 상징한다. 역설적으로 WTO의 설립 그 자체가 세계경제가 새로운 혼돈의 양상에 돌입한 시발점으로 기록될지도 모른다. WTO 자체가 2000년대 이후 국제 정치·경제 질서의 급속한 변화에 능동적으로 영향을 미쳤거나 원래 그럴만한 역량을 가졌다는 의미가 아니다. WTO가 20세기 후반 세계화 기조의 정점에 있었기 때문에 어쩌면 정반대가 될 수도 있는 새로운 세계경제의 흐름을 숙명적으로 내포할 수밖에 없다는 말이다. 국가 간의 무역과 투자의 규칙을 관리하는 WTO 중심의 국제통상체제는 기저경제(economic fundamentals)의 산업적 이해관계를 반영하고 또 관리하도록 위임받았을 뿐이다. WTO는 변화의 주체가 아니다. 급격한 산업적 기술적 변화가 진행되고 기존의 상호의존 관계가 흔들리면서 국제사회는 본디의 무정부주의적 속성을 드러내고 있다. 이러한 혼란을 관리할 국제협력체제를 재빨리 재건하고 세계 무역질서를 안정시키는 역할을 WTO에 기대하는 것은 과도한 일이다. 세계화 과정을 돌이켜보면 시장이 제도에 대한 수요를 만들었고 그 반대가 아님이 명백하기 때문이다.

브레튼우즈 체제하에서 맹렬하게 팽창한 자유주의 시장경제체제는 20세기 후반에 더욱 확장된 범위의 세계화를 이끌었다. 원래 세계화는 '생산공정의 세계화(globalization of production process)'에서 비롯한다. 세계화는 시장경제체제의 확대에 반드시 수반되며 거의 동일한 의미를 갖는다. 대륙과 대양을 잇고 또 가로지르는 운송기술의 발달과 '초연결성의 신세계'를 창조한 정보·통신기술의 혁명적 진전은 이러한 과정을 극적으로 촉진하였다. 다국적 기업만이 가능하였던 생산공정의 국제적 조직이 보편적 현상으로 확대하기에 이르렀다. 리카도의 비교우위론이 제품이 아니라 세분화한 작업공정에까지 광범위하게 적용되게 된 것이다. 국제경제학적 표현을 빌리자면, 제품(trade in products) 단위의 국가 간 비교우위가 개별공정(trade in tasks) 단위로 세분화하여 글로벌하게 적용되었다. 기술의 발전이 그것을 가능하게 만들었고 이는 다시 기술혁신의 수요를 창출하고 있다. 오늘날 무역과 투자에 대한 해석에 있어서 글로벌가치사슬(Global Value Chain, GVC)에 대한 논의가 빠지지 않는 이유이다.[1]

세계화와 글로벌가치사슬의 확장 과정에서 자본과 국가권력은 필연적으로 충돌한다. WTO는 이러한 충돌을 조정하기 위하여 국

---

[1] 국제경제학에서는 이러한 기업활동의 특성을 반영하여 소위 기업 내 무역에 초점을 맞추어 설명하는 이론이 등장하였는데 이른바 'New New' Trade Theory라고 불리고 있다. 그러나 이러한 설명이 비교우위이론에 이어 규모의 경제에 입각한 신국제무역이론과 같은 수준의 이론적 개척이라고 보기는 힘들다. 엄밀히 말하면 글로벌가치사슬의 확대는 비교우위 이론의 극단적 확장으로 해석해도 큰 문제가 없어 보이기 때문이다.

제사회가 만들어 낸 요령 있는 장치이다. 그 이유는 간명하다. 주권국가는 국경을 통과하는 모든 인적이동과 경제적 거래를 통제할 권력을 갖고 있다. 이러한 권력의 행사는 당연히 기업들이 세계화에 비용을 부담시킨다. 가장 쉬운 예가 수출입에 부과되는 관세이다. 관세(關稅)는 글자 그대로 일종의 통행세라고 할 수 있으나 근대에 들어서면서 무역정책의 대표적 수단이 되었다. 관세는 GATT의 출범 이후 다자간 협상을 통하여 지속적으로 인하되었다.[*2] 이는 국경을 넘어 일어나는 기업활동의 비용을 낮추고자 하는 시장의 압력이 국경에서의 국가권력을 약화시켜 간 과정으로 볼 수 있다. 이러한 비용의 축소가 기업뿐만 아니라 소비자와 경제 전반에 미치는 긍정적 효과는 잘 알려져 있지만 그것 역시 경제적 논리가 정부의 통제권을 이겨나가는 근거임은 마찬가지다. 따라서 국제사회가 우루과이라운드 협상을 거쳐 WTO의 창립한 것은 국가권력을 국제적 기구에 일부 위임하는 데 동의했다는 의미를 갖는다. 이러한 수준의 국제적 합의는 역사상 거의 최초의 사례라는 점에서 평가가 낮을 수는 없다.[*3]

다자간 통상체제로서의 WTO의 지위와 역할은 사실상 설립과 동시에 쇠락의 길에 들었다. 출범 당시에는 상상도 못했던 경제

[*2] 잘 아는 바와 같이 GATT는 WTO 설립 이전까지 다자간 통상체제를 담당하였던 '관세와 무역에 관한 일반협정(General Agreements on Tariffs and Trade)'을 일컫는다. 우루과이라운드 협상으로 WTO가 탄생하고 본 협정을 관장하게 되었다.

[*3] 2차 세계대전 이후 브레튼우즈 체제의 한 축으로서 국제무역기구(International Trade Organization, ITO)의 설립이 추진되었으나 미 의회의 반대로 무산되고 GATT 협정 체제로 WTO 설립 이전까지 유지되었다. ITO의 설립을 위한 아바나 헌장(Havana Charter)은 의회에 상정되지도 못하였다. 미 의회가 통상정책의 권한을 국제기구에 위임을 거부했다는 것으로 해석할 수 있다. 실제 WTO를 설립하는 우루과이라운드 협정을 두고 미 의회에서 상당한 시간에 걸쳐 찬반 논의가 있었는데 이는 미 의회 역사상 통상문제를 두고 이루어진 유례없는 치열한 논의로 평가되고 있다.

강대국 간의 산업 및 통상정책의 충돌이 벌어지고 있다. WTO가 이에 맞서 의미 있는 중재 역할을 하지도 못하고 또 그 가능성을 얘기하는 사람을 찾기도 힘들다. 2001년 WTO가 쉽게 생각하고 추진한 것으로 짐작되는 도하개발의제협상(Doha Development Agenda)은 이제 실패를 제대로 선언할 기회조차 없어 보인다. 국가 간의 무역분쟁을 조정하기 위한 WTO 분쟁해결절차의 상소기구는 필요한 상소위원을 채우지 못하여 그 기능이 마비된 상태지만 이제 그것이 뉴스가치를 상실한 지도 오래다.[4] 그리하여 미국과 중국 그리고 선진권의 주요 국가들이 개발도상국이나 사용할 것 같은 산업정책을 도입하여도 이를 우려하는 WTO의 목소리에 반향이 없다.

이것이 WTO의 숙명임을 알아차리는 것은 그리 어렵지 않은 일이었다. 그러나 그 운명이 분명해지고 구체적인 상황으로 전개되는 과정에서도 관련 분야의 학자, 전문가 그리고 공무원을 포함한 많은 사람들은 당혹해하면서도 WTO의 무력화를 애써 부정하였다. WTO의 창설이 가져다준 성취감과 믿음이 워낙 컸음을 생각하면 이해하지 못할 바가 아니다. 다만 이들이 외면한 것은 바로 WTO가 세계화에 의하여 탄생한 '결과물'일 뿐이며 세계화를 이끌어 갈 수 있는 주체가 아니라는 사실이다. WTO를 둘러싼 많은 관계자만이 우루과이라운드가 그랬던 것처럼 세계화의 새로운 추동력을 만들어 낼 수 있을 것으로 착각하였을 뿐이다.

---

[4] 이는 주로 미국이 임명을 거부하여 발생한 일이다. WTO의 역할과 자격에 대한 미국과 유럽의 근본적 견해차이에서 비롯된다. 미국이 WTO를 중재기관으로 간주하는 반면에 유럽은 법적 권한을 갖춘 기구로 해석한다. 양자의 옳고 그름을 떠나 국제사회에서 국가를 초월하는 국제기구가 존재하기 어려운 현실을 반영한다고 보아야 할 것이다. 그리고 미국의 이러한 입장은 거의 초당적이다.

종종 경험하듯이, 국가권력과 산업 그리고 일반 대중 속의 중상주의(Mercantilism) DNA는 사라지지 않았다. 모든 국가와 경제주체들은 기회만 있으면 국내 산업을 지원하고 수입으로부터의 경쟁을 제한하려는 본능을 드러낸다. 이러한 본능은 Krugman(1991)이 얘기한 바와 같이 군사적 외교적 충돌로 이어졌던 과거와는 달리 협상을 기반으로 한 '계몽된 중상주의(Enlightened Mercantilism)'로 진화하였을 뿐이다. 협상은 '주고받기(Request and Offer)'로 거의 정의된다. 누구나 수출을 선호하고 수입을 억제하려는 DNA를 갖고 있지만, 타국의 시장을 얻기 위해서는 자국의 시장을 그 대가로 개방할 수밖에 없다. 이러한 '수출시장과 수입시장의 주고받기'는 결과적으로 세계경제 전반의 개방화로 이어진다. 그 배경에는 WTO의 최혜국대우 원칙이 효과적인 메커니즘으로 작용한다.[5]

WTO는 국가 간의 시장을 교환하는 플랫폼의 역할을 하지만 개방의 압력을 '최소한으로' 수용하는 장치라는 사실에 주의해야 한다. WTO 그 자체가 새로운 시장을 실질적으로 만들어 내는 주체는 아니다. 이러한 한계에도 불구하고 WTO는 국제사회가 현실적인 정책적 수요를 국제협력을 통하여 소화하였으며, '다자적'으로 제도화하는 데 성공하였다는 점에서 역사적인 평가가 높다. 그러나 WTO가 현장에서 진행되는 세계화의 최소한의 수용임은 1995년 이후 진행된 국제통상환경의 변화가 잘 보여준다.

---

[5] 중상주의는 통제되고 있을 뿐만 아니라 MFN과 같은 메커니즘을 통하여 협상을 통한 시장의 개방이 글로벌 차원에서 즉각적으로 확산되는 효율성을 보여주고 있다. 세계 거의 대부분의 국가가 참여하는 다자간 통상협상은 이해관계자 간의 복수 간 협상 결과가 MFN 원칙에 기반하여 '多者化'의 과정을 거쳐 최종 확정된다. 이러한 메커니즘은 다자협상이 갖는 비효율성을 부분적으로 극복하는 데 매우 중요한 역할을 하였다.

돌이켜보면 우루과이라운드 협상이 지지부진할 때 WTO의 출범 필요성에 대한 강력한 근거의 하나는 1990년대 전후로 확산한 경제블럭화에 대한 우려였다. 당시 그 숫자가 빠른 속도록 늘어나기 시작하였던 지역무역협정이 개방적인 다자간 무역체제의 발전에 걸림돌이 될 것인가 아니면 디딤돌이 될 것인가(regional trade agreements as stumbling blocks to or building blocks for multilateral trading system?)라는 논쟁이 크게 유행하기도 하였다. 돌이켜보면 EU를 블록화한 경제의 의미로만 이해하고 또 북미자유무역협정(NAFTA)을 과대평가한 것은 지금 보면 우스꽝스러운 현상이 아닐 수 없다.[*6] 그러나 어쨌든 WTO의 출범과 함께 지역주의가 통제되고 다자간 통상체제가 세계무역을 효과적으로 관리해 나갈 것이라는 기대는 높았다. 당연히 이러한 기대는 단숨에 부정되었다.

시장과 규칙, 그리고 한계편익 체감의 법칙

실제로 1990년대 이후 지역 간 무역협정은 매우 빠른 속도로 증가하였고 학자와 전문가는 이 현상을 설명하는데 대체로 어려움을 겪었다. 이는 WTO의 실질적 지위와 역할에 대한 오해에서 비롯된 것이다. WTO의 본질은 시장과 규칙이다. 첫째, 다자간 통상체제는 협상을 통하여 국가들이 자국의 수입시장을 다른 나라

[*6] EU 통합은 오랫동안 추진된 '유럽연방주의(European Federalism)'의 실현과정이라는 점에서 정치적 통합과정이며 따라서 경제는 핵심적 추진축의 역할을 담당하였다. 반면에 NAFTA는 오로지 무역의 개방 그 자체가 목적이었다. 따라서 양자는 완전히 차원과 성격이 다른 지역통합 움직임이다.

에 대한 수출시장과 교환하는 '시장의 시장(a Market for Markets)'이다. 둘째, 무역정책의 수행에 대한 규칙 또는 행동준칙(Code of Conducts)에 합의하여 각국의 통상정책이 보호주의로 작용하지 않도록 관리하고 분쟁을 조정한다(Hoekman and Kostecki, 1995). 우루과이라운드 협상이 시작될 수 있었던 것은 이른바 시장의 대규모 교환(Grand Bargaining)에 선진국 그룹과 개도국 그룹이 합의하였기 때문이라는 사실에서도 잘 알 수 있다.[7] 그것은 바로 서비스 및 지식재산권과 섬유 및 농산물시장 간의 교환으로 압축된다. 이것이 WTO를 시장의 시장으로 규정하는 이유이다. 또한 8년간의 협상 과정에서 시장의 효과적 교환을 위한 무수한 제도와 장치가 개선되고 또 새로 개발되었다. 분야별 협정을 통하여 정부의 통상정책을 규율하기 위한 효과적인 가이드라인이 성립되었다. WTO는 행동준칙을 마련하고 또 그 관리자로서의 역할을 갖게 된 것이다.[8]

간과하기 쉽지만 반드시 주의해야 할 점이 있다. 바로 시장은 다자간 무역협상의 결과에 한정되며 WTO가 주체가 되어 상시적으로 창출하는 것이 아니라는 사실이다. 현재 WTO가 만들어 낸 (또는 회원국이 개방에 합의한) 시장의 규모는 1994년 우루과이라운드 협상의 결과에 거의 머무르는 것으로 보아도 무방하다. 이후 WTO가 추진한 도하개발의 제협상은 이러한 시장의 한계를 부분

---

[7] 1985년 서울에서 GATT 각료회의가 개최되고 새로운 다자협상의 출범을 위한 논의를 하였으나 합의에 이르지 못한 바 있다. 만일 이때 협상 출범의 선언이 있었다면 우루과이라운드가 아니라 서울라운드로 명명되었을 것이다.

[8] 필자는 1995년 OECD 무역위원회가 개최한 WTO 출범 기념 세미나에 참석한 바 있다. 이 세미나에서 경제학자들은 WTO의 출범에 따라 경제학자들의 역할은 끝나고 변호사의 시간이 시작되었다는 데 대체로 동의하였다. 바로 WTO의 시장 창출 역할이 아니라 관리역할을 상징적으로 표현하는 것이 아닐 수 없다.

적으로 확장하고 규범을 개선하기 위한 것이었다. 그나마도 시장은 WTO의 역량을 금세 눈치채고 다른 길을 통하여 세계화의 범위를 확대해 나갔다. 그것이 바로 지역무역협정의 급속한 확산이라고 이해해도 무방하다.

이처럼 무역시장의 확대에 있어서 WTO의 한계는 명백하였다. 우선 WTO의 출범 이후 급속히 늘어난 회원국의 숫자는 다자간 협상의 비용을 엄청나게 올려놓았다. 회원국과 WTO가 관장하는 의제의 범위가 늘어난 것을 고려하면 당연한 계산이다. 반면에 WTO가 확장할 수 있는 시장은 극히 한정되었다. 우루과이라운드에서 해결하지 못한 몇 가지 의제의 해결 정도에 시장이 관심을 기울일 턱이 없었다. 경제학적으로 표현하자면 세계화를 위한 WTO의 한계편익이 한계비용에 비하여 낮아졌다.[*9] 세계경제가 WTO를 외면하고 지역무역협정의 활용에 눈을 돌리게 된 것은 지극히 당연한 수순이었다. 모든 결정은 한계(marginal)에서 결정된다는 경제원리가 여기라고 작용하지 않을 리 없기 때문이다.

양자 또는 소수의 국가들이 분명한 이해관계를 바탕으로 빠른 속도로 협상을 마무리할 수 있는 장치로서 지역 간 무역협정은 상대적으로 효율적이다. 실제로 지역 간 무역협정의 숫자는 90년대 후반 이후 매우 빠른 속도로 늘어난 것을 [그림 1-1]을 통하여 발견할 수 있다. 시장으로서의 WTO의 한계편익이 극도로 줄어든 반면에 시장이 지역무역협정의 높은 한계편익을 발견한 결과이다. 흥미로운 점은 지역 간 무역협정 역시 2010년대 이후 감소 추세를 보이고 있다는 사실이다. 국가의 숫자가 한정되어 있다는 점에

[*9] 이런 논점의 연장에서 필자는 WTO가 시장의 확대와 세계화보다는 기존의 성취를 보다 효과적으로 관리하는데 그 역할을 찾는 것이 현명했다고 본다.

서 무역협정의 숫자 역시 무한정 늘어날 수는 없지만, 여전히 그 숫자의 이론적 한계가 무척 크다는 사실을 감안하면 이러한 감소 추세가 갖는 의미를 생각해 볼 필요가 있다.[10] 즉, WTO의 다자간 통상체제가 그랬던 것처럼 지역 간 무역협정 역시 시장확장의 기능 측면에서 한계편익이 급격히 줄어들고 있음을 반영한다. 세계 주요 국가와 시장 간의 지역무역협정 체결이 늘어나면서 추가적으로 시장을 개방할 수 있는 여지가 많지 않기 때문이다.

[그림 1-1] 통상체제의 한계편익 감소: 지역간 무역협정의 예

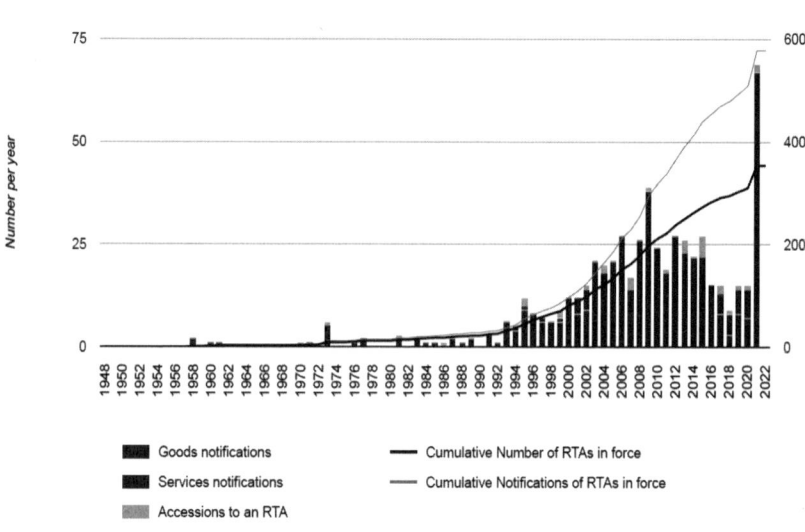

주1) 2021년 지역간무역협정의 숫자의 급등한 것이 나타나고 있는데 이는 영국의 Brexit 이후 많은 국가들과 FTA를 한꺼번에 체결하였기 때문이다.

주2) Goods(Service) notification: 통보된 상품(서비스) FTA 협정 통보 수
Cumulative Number (Notification) of RTAs in force: 현재 발효 중인 누적 RTA 수 (통보 수)
Accession to an RTA: RTA에 가입한 회원 수

자료) WTO 홈페이지, http://rtais.wto.org/UI/PublicMaintainRTAHome.aspx

---

[10] 2022년 현재 WTO 회원국이 164개임을 감안하면 2국 간 협정만을 대상으로 계산해도 그 숫자는 $_{164}C_2 = 13,366$개이다.

자연스럽게 그다음은 어떠한 국제적 협력의 메커니즘이 대신할 것인가라는 질문으로 이어진다. 세계경제가 추가적 세계화 (또는 그 반대)에 적합한 어떤 새로운 통상체제, 나아가 경제질서를 고안해 낼 수 있을 것인가라는 물음이다. 다자간 협력의 결정체라고 할 수 있는 WTO는 새로운 질서의 개척에 필요한 역량에 한계를 드러내었다. 지역무역협정 역시 그 자체의 무정부주의적 성격과 한계편익의 감소에 따라 새로운 통상질서를 성립시키고 관리할 수 있는 주체로 보기는 어렵다. 그렇지만 국제사회가 기존의 체제가 무력해진 상황을 받아들이고 현재와 같이 미-중간에 벌어지고 있는 '反규범적 무역 및 산업정책의 충돌'을 새로운 정상으로 받아들일 것으로 생각하기도 어렵다. 세계경제가 치러야 할 엄청난 비용을 생각하면 언젠가는 국제사회가 기저경제의 변화를 수용하고 이를 뒷받침하는 새로운 규칙에 합의하게 될 것이다.

만일 국제사회가 산업 및 통상정책의 충돌을 효과적으로 관리할 수 있는 시스템을 만들어 내지 않는다면 어떠한 세계경제질서의 미래를 상상할 수 있을까? 예를 들어, 세계화 추동력이 약화됨에 따라 세계경제가 소위 역세계화(deglobalization)로 즉각 이동할 것인가? 세계시장이 지역적, 이념적으로 권역화하여 별도의 경제권으로 분리되거나 적어도 미-중간의 탈동조화(decoupling)가 본격적인 형태로 현실화할 것인가? 세계화와 함께 구축된 글로벌가치사슬 또는 공급망이 지역적으로 그리고 진영 간에 분리되고 재편된다면 역사상 유례없이 구축한 압도적인 세계경제의 생산력과 효율성이 유지될 수 있을 것인가? 그리고 국제사회는 이러한 비용을 감당할 수 있을 것인가?

모든 국제협력의 출발점이 '갈등'이라는 사실을 감안하면 현재의 혼돈이 새로운 체제를 창출하기 위한 출발이라는 낙관적 견해도 가능하다. 지난 반세기 이상 디지털 기술의 축적에 따라 인류사회는 산업뿐만 아니라 사회경제적 전환이라는 일종의 특이점에 도달한 것으로 보인다. 그것은 한마디로 인공지능이 제공하는 초연결성(hyper-connectivity)과 초지능성(super intelligence)의 세계이고 이미 우리가 일상에서 경험하고 있다. 대전환의 모습이 구체화함에 따라 기술 및 산업상의 우위를 차지하기 위한 국제적 경쟁과 갈등의 시대는 당연히 건너야 할 과정이라는 견해는 타당성이 있다. 산업적 우위를 확보하기 위하여 경쟁이 기업 차원을 넘어 국가 차원에서 진행되는 상황이기 때문이다. 기업의 경쟁을 관리할 제도적 인프라의 구축이 가능했다면 원칙적으로 국가 간 경쟁에는 원칙적으로 불가능하기 때문이다. 국가 간의 이해관계가 분명해지고 새로운 국제분업적 구조가 안정되는 단계에 도달한 후에야 국제사회는 다시 기업 간 경쟁을 관리하는 새로운 규범의 창출을 위한 협력을 시작할 수 있을 것이다.

그러나 이처럼 좀 막연하고도 낙관적인 견해는 지나치게 경제적·산업적 관점에 치중되어 있다는 비판을 피하기 어렵다. 과거와 달리 국제사회는 어쩌면 매우 근본적 차원의 변화 과정에 있을 수도 있기 때문이다. 현재 상황이 단순히 미-중간의 전략적 경쟁에 그치지 않고 자유주의적 진영과 비자유주의적 진영이 병렬적으로 경쟁하는 질서가 형성되는 과정일 가능성도 배제할 수 없기 때문이다.[*11] 이 경쟁과 갈등이 매우 복잡다기한 위험요소를 포함하고 있음을 전 세계가 경험하고 있다. 혹자는 이미 새로운 국제

[*11] 구체적으로 미국과 유럽 그리고 한국과 일본 등 아시아의 주요국들이 자유주의적 진영에 포함된다면 비자유주의적 진영은 중국, 러시아 그리고 다수의 이슬람 국가 그리고 여전히 많이 존재하는 권위주의적 국가를 들 수 있다.

관계의 패러다임을 형성하고 있을 뿐만 아니라 새로운 냉전의 시대를 맞았다고 말하기도 한다. 다양하게 진행되고 있는 미국의 중국에 대한 무역 및 투자상의 규제 조치가 국가안보와 자유주의적 가치 수호라는 외교·안보 정책적 목적에서 비롯됨을 모르는 사람은 없다. 이러한 지정학적·지경학적 갈등이 초래할 수 있는 세계경제의 혼란과 그 비용은 이미 막대하다. 세계경제가 다수의 경제 블록으로 나뉘고 세계경제 생산력의 기초인 글로벌가치사슬을 해체 또는 변형시킬 가능성에 대한 우려도 높다.

이 모든 질문을 집약하는 것은 결국 어느새 10년 이상 계속되고 있는 미-중 갈등이다. 중국은 짧은 시간에 국력을 비약적으로 키워왔고 미국과 2강의 지위를 차지한 것은 우리가 채 깨닫기도 전이었다. 2000년대 들어, 미국이 민주당, 공화당 정부를 가리지 않고 중국을 견제하는 모습을 보고서야 세계는 미-중 갈등의 심각성을 받아들이기 시작하였다. 이 갈등은 인류사회가 건설해온 자유주의적 국제 경제질서에 근본적인 변화를 가져올 수도 있는 잠재적 위협으로 간주된다. 그리하여 이제 모두가 세계화 기조는 어떤 형태로든 변화에 직면하고 있음을 깨닫고 있다. 자본주의적 경제질서하에서 세계화를 통하여 효율성을 추구하는 힘은 일종의 상수이며 오늘날의 촘촘한 글로벌가치사슬을 만들어 내었다. 그런데 국제질서의 변화가 세계화의 흐름에 분명한 변곡점을 만들고 있는 것이다. 따라서 지금은 세계경제와 국제질서가 어떻게 상호작용하는지 주의 깊게 살펴보아야 할 시점이다. 미-중 경쟁과 갈등이 이러한 관찰의 핵심 대상임은 두말할 필요가 없다.

미국의 초당적 대 중국 전략

미-중 갈등이 본격적으로 표면화한 것은 오바마 행정부가 2007-08년 금융위기를 수습한 이후인 2010년 경이다. 미국은 중국의 부상을 견제하고, 미국의 패권을 쇄신할 수 있는 새로운 대전략(grand strategy)을 모색하기 시작했다. 세계전략의 중심축을 동아시아 지역으로 이동하고, 강력한 개입을 추구한 오바마 행정부의 재균형 전략(Re-balance toward the Asia-Pacific)은 바로 이런 고려의 산물이었다. 한마디로 아시아에서 중국의 영향력에 열세인 상황을 역전시키겠다는 의도였다. 그러나 오바마 행정부 시기까지 미국의 대중 전략은 트럼프 및 바이든 행정부처럼 노골적이거나 무차별적으로 공격적인 모습과 거리가 있었다. 미국은 여전히 자유주의적 국제질서가 강한 복원력을 갖고 있다는 믿음을 갖고 있었다. 따라서 미국의 정책은 중국과의 공존을 전제로 '비강제적 수단'을 통하여 영향력을 확보하고자 하는 관여정책(engagement policy)의 성격에 머물렀다. 지금처럼 미-중 상호의존성을 본격적으로 분리하는 정책이 아니라 중국에 대한 제한적인 견제에 머물렀다. 오바마가 적극적으로 추진한 환태평양경제협력(Trans-Pacific Partnership, TPP)은 이러한 관여정책적 접근을 상징한다. TPP는 시장접근의 확대 즉 자유주의적 질서를 기초로 한 표준적 지역무역협정이며 국제질서가 합의한 규범에 기초한 메커니즘이기 때문이다.[12]

---

[12] TPP는 어쩌면 시장접근의 개선을 위하여 미국이 추진한 다자전략의 마지막일지도 모른다. WTO가 성공적으로 출범시킨 우루과이라운드는 매우 어려운 과정을 거쳤는데, 미국은 APEC(아시아태평양경제협력체)으로 유럽을 압박하였고 이외에도 특정 분야의 시장개방을 위한 복수의 국가들 간의 협력을 추진한 바 있다. 미국의 TPP를 탈퇴한 것은 세계화에 회의적인 미국 내 정치환경도

트럼프 행정부 집권과 함께 미국과 중국 간의 갈등은 매우 거칠어졌다. 미국은 일방주의적 무역정책을 통하여 중국을 압박하였고 중국이 이에 반발했다. 양국 간의 갈등은 관세와 세이프가드 등 보호주의적 수단들을 거침없이 활용하는 노골적인 모습을 띠기 시작했다. 그러나 이러한 양국 간의 갈등은 외양의 변화보다도 미국의 대중 정책의 기본 전제가 변화를 배경으로 했다는 점에 주목해야 한다. 한마디로 대중 전략의 관여적 성격이 약해지고 미-중 관계는 점차 승자독식의 제로섬(zero-sum) 게임 성격이 강화되었다. 4차 산업혁명으로 대변되는 새로운 산업의 출현과 IT 기술의 축적에 따른 기술적 대전환의 시기를 맞아 확고한 우위를 차지하기 위한 국가적 차원의 '경쟁과 갈등'이 '협력'에 우선하게 된 것이다. 당연히 양국 경제의 상호의존적이고 협력적인 구조가 본격적으로 균열을 일으키기 시작하였고 이는 다시 비교우위에 기반한 세계화 기조를 역행하는 변화로 이어지고 있다.

트럼프 대통령은 취임 직후 첫 번째 행정명령을 통해 환태평양경제동반자협정(Tran Pacific Partnership, TPP)에서 탈퇴하고, 북미자유무역협정(NAFTA)과 한미자유무역협정의 재협상을 선언했다. 미국의 일방주의(unilateralism)적 행보의 선언이 아닐 수 없다. 미국에 무역흑자를 보이는 나라들에 대해서 불공정 무역 관행을 비판하였고 그중에서도 중국의 중상주의적 정책을 더 이상 용인하지 않겠다고 천명하였다. '공정무역'이라는 명분 하에 보복관세와 행정적 규제를 남발하였다. 미국·멕시코·캐나다협정(USMCA)

작용하지만 전통적인 시장접근의 개선이 가져오는 효과가 다했다는 판단을 반영하는 것이기도 하다. TPP에서 미국이 빠지고 나머지 국가들이 이른바 '포괄적 점진적 TPP(CPTPP, Comprehensive and Progressive TPP)'를 출범시켰다.

에는 세 참여국 중 한 국가가 미국 상무부로부터 시장경제 지위를 인정받지 못하는 국가와 자유무역협정을 체결할 경우 자동적으로 협정을 무효화하고, 해당 국가를 배제한 양자협정으로 전환한다는 조항이 포함됐다. 미국 상무부는 2017년 중국을 비시장경제(Non-Market Economy)로 규정한 바 있다.[13] 중국을 최첨단 산업 분야에서의 지위를 축소 내지 고립시키기 위한 제도적 뒷받침으로 보아야 한다.

트럼프 행정부는 "경제안보는 곧 국가안보"임을 강조하면서 안보와 경제를 직접적으로 연계시키는 전략을 구사했다. 특히 중국의 산업고도화 정책이라고 할 수 있는 '중국제조 2025'에 초점을 맞추었다. 무역전쟁 당시 미국이 관세를 부과한 품목에는 중국제조 2025가 강조한 첨단 상품들이 다수 포함됐다(USTR, 2018; 2020). 중국에 대한 직접적인 압박이 거세짐에 따라 중국은 반발하였고 결국 양국 간의 무역전쟁의 양상으로 전개되었다. 이것만으로도 오랫동안 자유주의적 무역 및 투자질서를 기반으로 확대를 거듭하던 세계화가 제동이 걸린 듯한 모습을 보이기 시작하였다. 이 과정에서 WTO가 의미 있는 개입의 공간을 확보하는 것은 불가능하였다.

이러한 조치를 효과적으로 추진하는 방안은 국가안보와 연계하는 것이다. 2019년 '국방수권법'의 세부법안인 '수출통제개혁법(Export Control Reform Act),' '외국인투자위험심사현대화법

---

[13] 일반적으로 비시장경제국은 중앙계획경제체제 하의 국가를 의미한다. 미국의 경우 반덤핑 등 통상법에서 구체화하는 경우가 있는데, 예를 들어 가격이 시장원리에 따라 결정되지 아니하여 상품의 판매가 당해 상품의 공정가격을 반영하지 못하는 국가로 정의한다. 대체로 시장경제국으로 분류할 수 있는 기준을 제시하고 이를 충족시키지 못하는 국가를 비시장경제국가로 보는 방식을 사용한다.

(Foreign Investment Risk Review Modernization Act)'에는 더 강력하고 구체적인 조치가 포함됐다. '수출통제개혁법'은 산업안보국(Bureau of Industry and Security)이 국가안보에 중요한 핵심기술에 대한 규제를 강화하도록 했다. 이에 따라 미국 기업뿐만 아니라 미국 기술을 포함한 제3국의 수출품 또한 중국과의 거래가 금지됐다. '외국인투자위험심사현대화법'은 '외국인투자심의위원회(Committee on Foreign Investment in the United States)'의 권한을 강화해 중국 자본의 투자와 미국 기업 인수를 제한했고, 핵심기술의 유출에 대한 통제도 강화했다.

중국을 미국 중심의 금융시스템에서 배제하려는 강력한 제재도 시행됐다. 미국 연기금의 중국 기업 투자가 금지됐고, 상원에서는 외국 정부의 통제를 받는 것으로 의심되는 기업을 상장 폐지할 수 있는 법안이 통과됐다. 미국은 중국이 보유한 미국 국채에 대한 디폴트 가능성까지 언급했고, 중국은 강력히 반발하면서 국채 상환 거부는 곧 달러 패권 붕괴를 의미할 것이라고 경고했다. 또 미국 국채를 점진적으로 매각하고 외환 구성을 다원화하겠다고 밝혔다. 비록 현실화할 가능성은 크지 않지만 '금융공포의 균형(balance of financial terror)'이 작동할 수도 있음이 드러난 것이다.

바이든의 전방위적 봉쇄와 중국의 대응

트럼프 행정부가 거의 일방주의적 접근을 채택한 것에 비하여 바이든 행정부는 동맹을 아우르는 지정학적 게임을 하고 있다. 미국이 세계화를 과거와 같이 Win-Win 게임으로 바라보지 않고

Zero-Sum 게임으로 바라본다는 해석의 근거가 되고 있다. 미국의 대중 경제전략이 중국을 압도하고 승자와 패자를 나누고자 하는 것으로 보이기 때문이다. 그리고 이는 민주당과 공화당을 초월하여 초당적 경제안보전략으로 자리 잡았다. 트럼프 행정부에서 잠시 논의된 바 있는 경제번영네트워크(Economic Prosperity Network, EPN)가 바이든 행정부 들어 인도태평양경제프레임워크(IPEF)로 계승된 것도 이러한 초당적 합의를 상징한다.[14] 바이든 행정부는 이러한 미국의 시도를 자유주의적 이념 전쟁의 수준까지 승격시켜 놓은 듯하다. 트럼프 행정부 시절의 다양한 보호무역 조치와 이로 인한 양국 간의 상호의존성의 균열이 결코 이단적 특성에서 비롯된 것이 아님을 확인해 준다. 장기간에 누적된 구조적 추세에 대한 미국의 초당적 반응임이 드러난 것이다.

바이든이 취임 이후 이행하고 있는 수정주의적 정책은 그야말로 전방위적이다. 취임 직후 연방정부의 미국산 제품 구입을 의무화하고, 국산품 구매에 인센티브를 제공하는 'Buy American' 행정명령에 서명했다. 중국 자본에 대한 감시, 통신장비, 반도체, 군수, 석유화학, 원자력 등 첨단, 기간산업에 대한 제재도 더 확대됐다. 제재의 근거는 국가안보 위협이었다. 미국의 이러한 조치는 글로벌가치사슬에 직접적으로 영향을 미치는 다양한 방안으로 전개되고 있다. 우선 바이든은 2021년 2월 반도체, 배터리, 희토류, 의약품 등의 공급망을 점검하기 위한 행정명령에 서명했다. 미국의 핵심 분야의 산업생산 역량을 제고하고 중국에 대한 의존도를 낮추겠다는 구상이었다. 중국을 배제한 공급망 구축, 이를 관리하

---

[14] Matthew P. Goodman and Aidan Arasasingham, Regional Perspectives on the Indo-Pacific Economic Framework, CSIS Brief (2022); Matthew P. Goodman and William Reinsch, Filling In the Indo-Pacific Economic Framework, CSIS (2022)

기 위한 '공급망 교란 테스크포스(Supply Chain Disruption Task Force)' 건설도 제안했다. 무역대표부(USTR) 주도하에 불공정 무역 관행에 신속하게 대응할 수 있는 '무역 기동 타격대(trade strike force)'를 신설하겠다는 계획도 제시했다.

최근 가장 두드러지는 바이든 행정부 전략의 중심축은 강력한 산업정책을 통해 첨단기술 경쟁에서 앞서 나가겠다는 구상이다. 미국의 생산·기술 역량을 혁신하고, 공급망의 회복력을 강화하기 위해 대규모 재정투입을 통한 국가적 차원의 지원책이 시행됐다 (the White House, 2021). 상원의 '미국혁신경쟁법(USICA)'과 하원의 '미국 경쟁법(America COPETES Act)'이 논의와 조정과정을 거쳐 최종 입법 확정된 반도체 육성법(The CHIPs and Science Act)에 따라 총 2,800달러 규모의 연방정부 지원 예산이 편성됐다. 여기에는 인공지능 반도체 등 첨단산업 역량 확충을 위한 연구개발 예산과 보조금 그리고 국립과학재단(NSF) 산하에 '기술혁신국(Directorate for Technology, Innovation and Partnerships)을 설치하기 위한 예산이 포함됐다. 이러한 기조는 앞서 언급한 최근의 인플레이션 감축법이라는 극단적 모습으로 강화되었다.

바이든 행정부의 이러한 접근은 중국에 대한 직접적 제재보다 공급망 재편과 산업전략을 통한 기술혁신이 더 효과적이라는 판단이 작용했음을 보여준다. 양국 간의 높은 상호의존성을 감안하면 단기간에 급진적인 탈동조화가 현실적으로 어렵기 때문이다. 중·장기적인 차원에서 중국을 배제한 첨단 산업의 생태계를 구축하겠다는 것으로 보인다. 여기서 주목할 점은 바이든 행정부가 강조하는 가치동맹이 생산·기술동맹과 결합되는 경향이 나타나고 있는데 이는 글로벌가치사슬의 지리적 구조변화를 가져올 수 가능성이 있다. 제조업 역량이 취약한 미국이 단기간에 첨단기술에서 우위를 확보하고 단독으로 원하는 방향으로 공급망을 구축하기는 불가능하다. 동맹국과의 협력을 통해 미국의 중국에 대한 의존도를 감소시키고 중장기적으로 공급망 재편을 도모할 수밖에 없다. 다른 한편으로, 트럼프의 일방주의에 대한 반성 또한 이러한 변화에 영향을 미쳤다. 글로벌 공급망에서 중국을 배제하겠다는 목표는 공유하지만, 중·장기적으로 지속가능하고 더 효과적인 방법을 선택한 것이다. 글로벌 공급망 재편의 핵심 이슈인 첨단기술이 민간과 군사적 목적의 이중용도 특성을 띤다는 점 또한 생산·기술 동맹 형성의 중요한 배경이다.

미국은 기존의 동맹관계는 물론, 쿼드(Quad), 민주주의 10개국(D10), 인도·태평양 경제 프레임워크(IPEF) 등 새로운 협력의 틀을 적극적으로 활용했다. 대규모의 다자주의 틀이나 메가 FTA를 지향하기보다는 이슈, 참여 국가, 협력의 강도 등에서 차별성을 띠는 중첩적인 틀 속에서 반도체, 5G/6G, 인공지능 등 첨단기술, 가치와 체제, 안보 영역에서의 협력을 강화하기 위한 시도들이 나타났다. 구체적으로 일본과 반도체 공급망 강화, 바이오, 인공지능, 양자 컴퓨팅, 우주 분야의 연구개발에서 협력을 강화하기로 했다. 또 한국과는 반도체와 배터리 공급망 강화와 한국 기업의 추가적인 미국 투자에 합의했다. 미국은 쿼드 또한 생산·기술 동맹의 강화를 위해 활용했고, '쿼드 신기술 워킹그룹(The Quad Critical and Emerging Technology Working Group)'도 공식적으로 출범했다. 유럽 국가들의 협력 또한 강화돼 G7과 EU는 중국의 불공정 무역 관행에 대한 공동대응, 첨단기술 개발에 있어서의 협력에 합의했다. 또 EU 및 14개국과 함께 '글로벌 공급망 탄력성' 회의를 출범시켰다.*15

미국의 수정주의적 지향은 더 급진화되고 가속화하는 모습을 보이고 있으나 중국의 현상타파에 대한 유인은 미국만큼 크지는 않다. 애초 중국은 미국이 구축한 자유주의적 질서에 편승해서 발전을 지속해 왔으며, 또 중국 중심의 질서를 확립할 수 있는 능력 또한 부족하기 때문이다. 그러나 미국의 공세가 강화되면서 중국 또한 독립성을 강화하고 미-중 상호의존성의 틀, 미국 중심의 국제 정치·경제 질서에서 이탈하려는 시도를 가속화했다. 그것이 중국의 자의든 타의에 의해서였든 결과적으로 미국과 중국의 탈동조화 경향을 부인할 수 없는 현상으로 결과하고 있다.

중국의 대응은 기술의 자립을 위한 노력이 가장 최우선으로 나타났다. 정부의 자금지원을 바탕으로 중·장기적인 차원에서 미국의 제재를 상쇄할 수 있는 대안을 모색했다. 취약 분야인 소재, 장비 국산화에 자금을 집중적으로 투입했고, 국내 5G 서비스를 확대함으로써 5G 생태계를 구축하는 전략을 우선적으로 추진했다(이승주, 2021; 배영자, 2021). 자금력뿐만 아니라 기술력 또한 미국의 제재에 대응하는 효과적인 수단이었다. 14차 5개년 계획은 8대 과학기술과 9대 신흥산업을 중점적으로 육성해 독자 공급망을 구축하고 첨단기술 경쟁에서 우위를 점하겠다는 계획을 제시했다.[16] 중국공산당 100주년 기념식의 핵심 화두 또한 '기술의 자립·자강'이었다.

---

[15] 14개국은 6개의 인도-태평양 국가(한국, 일본, 호주, 인도, 인도네시아, 싱가포르), 캐나다와 멕시코, 5개의 유럽국가(독일, 네덜란드, 스페인, 이탈리아, 영국), 그리고 콩고로 구성됐다.

[16] 8대 과학기술은 인공지능, 양자 컴퓨팅, 반도체, 뇌과학, 유전자 및 바이오기술, 임상의료 및 헬스케어, 우주과학, 심해·심지(深海深地) 연구다. 9대 신흥사업은 차세대 정보기술, 바이오 기술, 신재생 에너지, 신소재, 첨단설비, 에너지 자동차, 환경, 항공우주, 해양설비다(유현정, 2021).

일대일로(Belts and Roads)는 국내 연구·개발과 첨단 인프라 건설 산업을 해외로 확대해 중국 중심의 공급망을 구축하는 과업의 핵심 고리다. 중국은 일대일로 참여국들에게 5G 네트워크 장비를 수출하거나 인프라 구축에 협력하는 방식으로 제재를 우회하고 독자 생태계를 구축하고 있다. 또 '중국표준 2035' 프로젝트를 발표, 중국 기술이 표준이 되는 산업표준을 확보하겠다는 전략도 추진하고 있다. 중국의 역량이 매우 취약한 것으로 평가되던 통화·금융 영역에서도 중국 주도 결제 시스템 CIPS 도입하고 디지털 위안화 등을 통해 달러 중심의 국제통화체제를 다극화하려는 시도가 전개되고 있다(이왕휘, 2020; 이용욱, 2021).

중국의 대응 역시 단순히 기술 및 산업 측면에 머무르지 않고 동질적 국가와의 진영 구축을 동반함으로써 미-중 갈등의 내용을 첨예화하고 있다. 즉, 중국은 미국의 반중 동맹에 맞서 반미, 반자유주의 국가들과의 연대를 강화하고 있다. 국제질서의 근본적 변화에 대한 우려를 낳지 않을 수 없는 상황인 것이다. 중국은 2021년 7월 러시아와의 '선린우호조약'을 20년 연장했고, 기술, 인프라, 군사 부문에서도 협력을 강화했다. 이란과는 '포괄적 전략 관계 협정'을 체결하고 이란산 석유의 수입량을 증가시키고, 통신과 철도, 도로, 항만 등 인프라 시설에도 적극 투자하기로 합의했다. 이외에도 중국은 일대일로 전략에서 중요한 파키스탄, 중앙아시아 국가들, 그리고 북한과의 관계를 강화하고 있다. 이처럼 중국이 반미, 반자유주의 연대 형성을 확대해 나갈 경우 냉전적 성격의 진영 대결 구도는 첨예해질 것이다. 국제질서의 긴장과 갈등이 심화되고 이는 다시 세계화의 미래에 매우 근본적인 위험요소로 작용할 것이라는 전망이 무게를 가질 수밖에 없다.

세계화는 한마디로 시장의 승리였다. 글로벌가치사슬은 소위 '효율적' 자원배분을 극대화하였다. 그러나 최근의 지정학적 지경학적 갈등은 세계화와 글로벌가치사슬에 내재된 위험을 드러내고 있다. 안보와 이념이 주도하는 국제질서의 변화가 무역과 투자를 직접적으로 제약하는 시기를 맞고 있다. 다국적 기업이 주도하는 세계시장은 기존의 효율성 위주의 글로벌 공급망을 재고하기 시작하였다. 공급망의 안정성과 생산비용 절감 그리고 기업 경쟁력 유지라는 상반된 목표 간의 새로운 균형을 찾으려 할 것이다. 그 결과로 일부 공급망의 지역화 및 거리의 단축화 그리고 부분적으로 리쇼어링의 확대라는 변화를 예상할 수 있다.

그럼에도 중국에 기반을 둔 제조업의 가치사슬이 상당폭 유지될 것이라는 전망에도 일정한 무게를 두어야 한다. 공급망의 재배치가 미국의 합리적 선택이 될 수도 있다. 미국이 일부 첨단분야에 대한 우위를 확고히 할 때까지 현재의 정책을 지속할 것으로 보아야 한다. 그렇다 하더라도 현재 형성되어 글로벌가치사슬을 근본적으로 재배치하는 수준으로 이어질 가능성은 낮다. 가치사슬의 재편은 효율성의 측면에서 매우 부정적 효과를 가져올 것이다. 대부분의 경제주체에게도 불이익으로 작용할 수밖에 없으며 당연히 시장으로부터의 커다란 반작용을 예상할 수 있다. 그것은 오랜 기간에 걸쳐 세계경제가 구축한 글로벌가치사슬의 힘이기도 하다. 세계화의 미래 전망이 어려운 것은 이처럼 상반된 힘들의 충돌이 어떠한 모습의 새로운 균형으로 귀착할지 단정할 수 없기 때문이다.

제2장

자유주의적 경제질서의 기초,
글로벌가치사슬

제2장 자유주의 경제질서의 기초, 글로벌가치사슬

**글로벌밸류체인(GVC),
아담 스미스 핀 만들기 분업의 세계화**

오늘날의 세계화는 글로벌가치사슬(Global Value Chain, GVC)의 개념을 빼놓고 논의하기 어렵다. 우리가 일상적으로 사용하는 간단한 공산품으로부터 휴대폰에 이르기까지 대부분의 상품이 생산하는 과정은 매우 복잡하고 긴 글로벌가치사슬을 포함한다. 미-중 갈등과 같은 양상이 글로벌가치사슬에 부정적 영향을 미친다면 각각의 생산단계에 얽힌 경제주체들도 직접적으로 피해를 받을 수밖에 없다. 피해의 범위는 개인에게는 상품가격부터 직업과 소득, 국가 단위로는 산업구조와 성장을 포함한다. 팬데믹과 우크라이나 전쟁에 따른 국제적 공급망의 차질에 따라 최종재 생산라인 전체가 올스톱하는 사례는 너무나 많다. 캄보디아에서 생산되는 작은 연결핀의 수송이 되지 않는 바람에, 또는 겨우 50센트에 지나지 않은 반도체 칩 때문에 자동차 생산이 중단되는 사태가 발생한다. 앞에서 사례를 든 미국의 인플레이션 감축법(IRA)은 전기자동차 생산의 가치사슬에서 중국산 배터리를 활용하는 공정을 제외시키고 이 공정을 북미지역으로 이전시키고자 하는 것이다. 글로벌가치사슬의 관점에서 볼 때, 이러한 정책은 과거 트럼프 행정부가 중국산 제품에 대하여 높은 관세율을 매긴 조치에 비하여 훨씬 더 직접적이고 또 과격하다. 글로벌가치사슬의 관점에서만 두고 본다면, 이러한 정책은 복구가 불가능한 수준의 재난에 가깝다고 해야 할 것이다.[*1]

글로벌가치사슬은 전문적 경제용어라기보다는 뉴스에서 일상적으로 노출되는 일상어가 되었다. 미-중 갈등이 지속되는 가운데 우크라이나 전쟁에 따른 대 러시아 경제제재는 글로벌 공급망 또는 글로벌가치사슬의 교란에 대한 우려를 증폭시켰다. 미-중 갈등의 결말이 무엇이든 중국이 세계시장에 대한 상품 공급자로서 차지하는 비중은 다른 한편으로는 GVC에서의 역할을 말하기도 한다. 무역과 투자의 확대로 대변되는 세계화는 결국 기업들이 국가를 가리지 않고 촘촘하게 생산공정을 조직하기 때문이다. 따라서 이 책에서 이루어지고 있는 많은 논의는 경제적인 관점에서 볼 때 GVC의 구조적 변화와 연결된다. GVC가 구체적으로 무엇인지 간략한 사례를 통하여 이해할 필요가 있다.

아담 스미스는 유명한 핀 공장 사례를 통하여 분업의 이점을 쉽게 설명하였다. 중간재 또는 공정 특화를 수반하는 분업이 발생

[*1] 최근 Bloomberg가 Michigan State Univ.의 Miller 교수를 인용한 바에 따르면 노동공급과 원자재 수급상의 공급망 스트레스는 여전히 2021년 9월 수준에 머물러 있다는 것이다. 달리 말하면 세계경제는 여전히 COVID-19이 가져온 공급망의 훼손의 후폭풍에서 벗어나지 못하고 있다는 것이다. 본서의 주된 주제는 아니지만 현재 미국이 인플레이션을 잡기 위한 고금리 정책의 유효성에 의문을 품게 만드는 사실이 아닐 수 없다. 공급망이 회복되지 않으면 고용, 운송, 물류 등에서 오는 공급충격에 따른 인플레 요인은 여전할 수밖에 없다. 인플레 진정 효과는 미미한 채, 미국의 거시경제정책이 전 세계경제 주체에 커다란 부담으로 작용할 수 있다는 우려가 나오는 배경이기도 하다.
출처: https://www.bloomberg.com/news/newsletters/2022-10-10/supply-chain-latest-when-will-things-return-to-normal?cmpid=BBD101022_TRADE&utm_medium=email&utm_source=newsletter&utm_term=221010&utm_campaign=trade

하는 이유는 생산성을 제고할 수 있기 때문이다. 즉 주어진 자원을 가지고 더 많은 생산이 가능해진다(김두얼, 2008: 28).

> "숙련되지 않은 노동자가 혼자서 모든 공정을 담당해서 생산할 경우 하루 20개의 핀도 만들기 어려운데, 철사 자르기나 뾰족하게 하기 같은 18개의 생산 공정을 10명의 핀 만드는 장인이 적당히 나누어 담당하면 하루에 48,000여 개를 생산할 수 있다. 이 사례를 통해 애덤 스미스는 분업이 생산성을 높이는 주요한 원천임을 주장한다. 그런데 분업을 통해 생산을 할 경우 많은 생산자들은…최종재가 아닌 중간재를 만드는 위치에 있게 [된다]."

글로벌가치사슬은 이러한 사례의 국제적 확장이다. 리카도의 비교우위 이론이 상품에서 공정으로 확장한 것으로 보면 된다. 핀이라는 간단한 제품을 만드는 것도 알고 보면 매우 다양한 세부 공정으로 나눌 수 있다. 세부 공정이 철선 늘이기, 펴기, 자르기, 구부리기, 핀 머리 끝 갈기, 핀 만들기, 붙이기 그리고 칠하기, 포장하기 등 총 18개의 공정으로 이루어진다고 생각해 보자.

논의를 간단히 하기 위하여 세계에는 10개 나라(A~J)가 생산능력이 있으며 각 나라에서 1명의 장인이 핀 생산에 필요한 모든 공정을 담당하는 상황을 가정해 보자. 그리고 핀 직접 생산하지 않는 나라 X, Y, Z가 있다고 하자. 그런데 각 나라의 장인이 다 솜씨가 같을 수 없기 때문에 핀을 만드는 기술(생산성)에 차이가 있을 것이다. 여기서는 A부터 I국의 순으로 생산성이 높다고 가정하고 그 차이로 인하여 A국은 하루 20개, B국은 15개, C국은 10개, D국은 5개, E-J국은 하루 1개를 생산한다고 하자. 만일 각 나라가 서로 무역을 하지 않고 각자 생산 및 소비한다면 10국에서 생산되는 핀의 생산량은 모두 56개이다. 핀의 총소비도 56개를 넘어설 수 없다. 각자 생산과 소비하는 자급자족의 세계이므로 당연히 X, Y, Z에서는 핀의 생산도 소비도 없다.

전 세계의 각 나라가 이처럼 각자도생하던 상황에서 상품의 국가 간 거래가 자유롭고 운송비용 또한 크지 않은 세계를 맞이한다면 완전히 다른 생산활동이 일어날 수 있다. 이른바 다음과 같은 형태로 각국이 특정의 공정에 특화하는 국제분업이 일어난다고 가정해 보자. 국제적 분업이 이루어질 경우 13개국의 핀 생산은 아담 스미스가 사례를 든 것처럼 수만 개 이상으로 늘어날 수 있다. 예를 들어, J국이 하루에 한 개 핀을 생산할 수 있었는데 철선을 끝을 가는 일만 한다면 하루에 처리할 수 있는 개수는 엄청나게 늘어날 것이다.[*2] 이른바 특화(specialization)에 따른 생산성 제고의 효과이다. 글로벌가치사슬이란 이렇게 국가별로 생산활동이 특화해서 이루어지는 것을 전제로 하고 하나의 제품이 생산되기까지 무역과 투자를 통하여 전 과정이 네트워크화되는 것을 말한다. 전 세계 차원에서 자원배분의 효율성이 증가하고 우리가 경험하고 있는 것처럼 폭발적인 생산력의 증대로 이어진다. 당연히 소비자가 소비할 수 있는 범위도 이만큼 늘어나고 수요-공급의 원리에 따라 가격은 더 하락할 것임은 말할 것도 없다.

[*2] 여기서는 구체적인 생산량의 숫자를 제시하기보다는 각 국가가 특정 공정에 특화함으로써 전 세계의 생산이 늘어날 수 있다는 논점을 제시하는 데 그치기로 한다.

- E-J의 6국은 각각 철선 늘이기, 펴기, 자르기, 구부리기, 핀 머리 끝 갈기에 전념한다.
- E, F 양국은 전 세계에서 철선을 구매한 후 철선을 늘이기 작업을 수행하며 이후 G국에 수출한다.
- G국은 E, F국으로부터 수입한 중간재를 사용하여 철선 펴기 공정을 수행한 후 H국에 수출한다.
- H국은 G국 수입 중간재를 사용하여 철선 구부리기 공정을 수행한 후 I국에 수출한다.
- J국은 I국 수입 중간재를 사용하여 철선의 끝을 가는 공정을 수행한 후 A-D 4국에 수출한다.
- A-D 4국은 I국 수입 중간재를 사용하여 핀 머리 만들기 공정을 수행한 후 X국에 수출한다.
- X국은 A-D 4국은 수입 중간재를 사용하여 핀 머리 붙이기의 조립공정을 수행한 후 Y국에 수출한다.
- Y국은 X국 수입 중간재를 사용하여 칠하기 공정을 수행한 후 Z국에 수출한다.
- Z국은 Y국 수입 중간재를 포장한 후 10개국 소비자에게 공급한다.

GVC는 다양한 형태의 국제적 수직분업을 창출한다. 국경을 넘어 수직분업이 이루어지는 이유는 한 국가 내에서 분업이 이루어지는 이유와 동일하다. 국가들이 특정 중간재의 생산 또는 공정 특화를 통하여 주어진 자원 및 기술로 더 많은 제품을 생산할 수 있기 때문이다. GVC에 참여하는 개별 국가의 관점에서 볼 때 모든 국가가 비록 혜택의 수준이 다르다고 할지라도 추가적 이익을 향유할 수 있다. 위의 사례에서 생산성 또는 숙련도가 높은 A, B국은 물론 생산성 또는 숙련도가 낮았던 E-J 6개국도 GVC 참여로 생산성 및 소비를 제고할 수 있다. 이는 또한 경제성장으로 이어진다. 이전에 핀을 전혀 생산하지 않았던 X, Y, Z 3국도 GVC에 참여함으로써 소비와 경제성장을 향유할 수 있다.

GVC 측정하기

위에서 사용한 사례를 좀 더 체계적으로 정리해 보자. 기업의 시각에서 볼 때 공급망 또는 공급사슬은 원자재 및 중간재의 구입, 중간재 및 최종재로의 변환 그리고 최종 소비자에게 판매 등 모든 기업활동 프로세스의 네트워크를 말한다. 국제경제학적 개념으로 표현하자면, 공급망 무역(supply chain trade)이란 위의 모든 프로세스가 국경을 넘는 글로벌 네트워크 속에서 이루어지면서 이것이 국가 간 또는 국경 간 교역을 발생시키는 현상이다. Baldwin은 공급망 무역을 "국제생산네트워크 하에서의 상품, 서비스, 투자, 노하우와 사람들의 국경 간 흐름"으로 정의하고 있다(Amador and Cabral, 2016: 278). 글로벌가치사슬은 대체적으로 이와 같은 공급망 무역과 동일한 개념으로 사용되고 있는 것이다. 이에 따라 Duke 대학교 Global Value Chain Initiative의 연구보고서는 GVC를 "제품 또는 서비스의 개념화에서부터 최종소비까지의 전 범위의 활동 그리고 이의 지리적 공간 및 국경을 넘어서는 배분"으로 정의하고 있다(DFAIT, 2011: 86).

GVC의 특성은 대체로 다음과 같다. 첫째, 생산과정의 특정 공정단계에 전문화하고 있는 다양한 국가의 공급자 또는 생산자들이 국제 네트워크에 참가하여 특정한 공정의 수행을 담당한다. 둘째, 중간재가 조립되는 다양한 생산과정에는 특별한 순서가 존재할 필요는 없다. 다만 최종제품이 만들어지는 과정에서 중간재 조달-중간재 생산-최종재 소비의 순차적 순서로 재화 및 부가가치가 이동한다 (Baldwin and Venables, 2013). 셋째, 국제무역 이론의 관점에서 볼 때, 수입 중간재를 사용하여 제품을 생산한 후 수출한다는 점에서 국제 수직분업의 구조를 형성한다 (Hummels, Ishii and Yi, 2001: 75).

제품의 이동을 관찰하기만 하면 되는 무역과 달리 GVC의 구조를 통계적으로 파악하기란 쉽지 않다. 이에 따라 학자들에 의하여 GVC 수준을 측정하는 지표가 개발되었고 이는 점차 개선되고 진화하였다. 가장 직관적으로 생각할 수 있는 지표는 국내 생산과정에 수입 또는 외국 중간재가 투입되는 GVC의 특성을 포착하는 '국내생산용 수입(Importing to Produce)'이다(Baldwin and Gonzalez, 2015: 1686). 이것은 국내에서 제품을 생산하는 과정에서 수입 중간재가 차지하는 비중이다. 예를 들면 국내에서 빵을 생산한다고 할 때, 이에는 수입한 밀가루와 설탕이 포함되는데 이들의 비중이 얼마나 되는가를 지표로 삼는 것이다. 한마디로 우리가 소비하는 빵 속에 어떠한 그리고 어느 정도의 국제적 협력이 포함되었는지 보는 것이다. 이 지표는 제품의 생산과정에서 중간재를 외국기업에서 조달(국제 아웃소싱, international outsourcing)하거나[3] 외국에 설립한 자회사를 통하여 조달(국제 인소싱, international insourcing)[4]하는 생산활동의 수준에서 GVC의 특성을 측정한다는 점에서 가장 기초적인 것이다.

국내 생산용 수입 지표는 간단하지만 정확성이 떨어지는 단점

---

[3] 과거 기업 내부에서 생산되던 중간재를 외국 기업으로부터 조달하는 것을 말함.
[4] 과거 기업 내부에서 생산되던 중간재를 외국 자회사로부터 조달하는 것을 말함.

을 갖고 있다. 빵은 생산 후 국내에서 소비되기도 하고 해외로 수출될 수도 있는데 이 지표는 양자를 구분하지 않고 생산된 빵 속에 포함된 해외부가가치만을 계산하기 때문이다. 이러한 단점을 보완하고 세분화하여 측정하기 위해 진화한 지표가 '수출용 수입(Importing to Export)'이다(Baldwin and Gonzalez, 2015: 1686-87). '수출용 수입' 지표는 중간재가 수출에서 차지하는 비중인데 수입 또는 외국 중간재를 투입하여 재화 및 서비스를 생산한 후 수출하는 경우를 측정한다. 따라서 국가 간의 공정분업을 파악하고자 하는 GVC의 취지에 맞게 국제 아웃소싱 및 국제 인소싱 특성을 보다 정확하게 포착하는 장점이 있다.

다만 이 지표 역시 불충분한 측면이 있다. 수입중간재도 다양한 나라에서 생산공정을 거친 경우가 일반적이기 때문이다. 현실적으로 중간재의 국가별 원천(원산지)을 파악하는 것은 쉬운 일이 아니다. 부가가치는 기본적으로 이중계산(double counting) 문제가 만연하다는 문제가 있는데 중간재 생산 및 수출이 일회적으로 끝나지 않고 여러 번 반복되기 때문이다. 예를 들면, B국은 A국에서 중간재를 수입하여 부가가치를 더하여 생산한 후 C국에 중간재로 수출하고, C국은 다시 부가가치를 더하여 중간재를 생산한 후 D국에 최종재로 수출하며 결국 D국에서 최종소비 되는 간단한 경우를 가정해 보자. A국의 B국으로의 중간재 수출이 100달러였다고 가정하면, 양국 간의 교역에서는 물론이고, B국의 C국으로의 수출에서도 그리고 C국의 D국으로의 수출에서도 각각 100달러의 수출이 발생한다. 따라서 C국의 D국으로의 총수출은 C국의 D국으로의 부가가치 수출은 물론이고, A국의 B국으로의 그리고 B국의 C국으로의 부가가치 수출로 구성될 것이다. 이론적으로 볼 때, A, B, C 3국이 직간접적으로 D국으로 부가가치 수출한 것을 나눌 수 있다.

이러한 문제를 고려하여 다양하게 발생하는 국가 간 거래, 생산 및 소비를 일관되게 체계적으로 정리한 것이 국제산업연관표를 활용한 '부가가치 무역' 지표이다(Baldwin and Gonzalez, 2015: 1687-89). '부가가치 무역' 접근의 완성판이 [그림 2-1] (Koopman, Wang and Wei(2014) 및 Wang, Wei and Zhu(2013))인데 국가 간에 발생할 수 있는 부가가치의 원천을 체계적으로 세분화한 것이다.

[그림 2-1] r국 i재의 s국으로의 수출의 분해

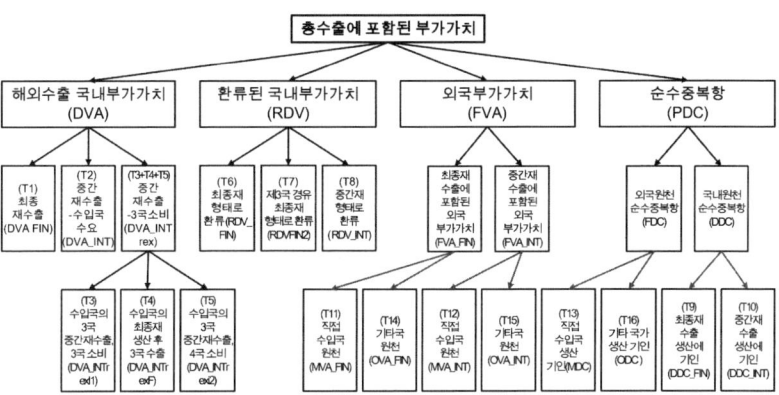

자료) Wang, Wei and Zhu(2013) pp.23-24; 이창수 (2019), p.9.

⟨Box 1⟩ WWZ(Wang, Wei and Zhu)의 총 수출 분해[그림 2-1] 해설[*5]

- r국 i산업의 s국으로의 수출은 다음의 4개 항목으로 분해된다.
  - 해외에서 소비된 국내 부가가치(domestic value-added absorbed abroad, 이하 DVA),
  - 환류된 국내 부가가치(value-added first exported but eventually returned home, 이하 RDV),
  - 외국 부가가치(foreign value-added, 이하 FVA)
  - 순수중복항(pure double counted terms, 이하 PDC)
- 해외에서 흡수된 국내부가가치(DVA)
  1) 다시 r국 i산업의 s국으로의 최종재 수출에 포함된 국내 부가가치(DVA_FIN, T1),
  2) 중간재 수출에 포함된 국내 부가가치(DVA_INT, T2),
  3) 중간재로 s국에 수출된 후 제3국에 중간재로 재수출된 후 3국에서 소비된 경우의 국내 부가가치(DVA_INTrex1, T3),
  4) 중간재로 s국에 수출된 후, 3국에 최종재로 재수출된 후 소비된 경우의 국내 부가가치(DVA_INTrexF, T4),
  5) 3국에 중간재로 재수출된 후 3국에서 다시 수출된 경우의 국내 부가가치(DVA_INTrex2, T5)
- 환류된 국내부가가치(RDV)의 경우 다음과 같이 구분된다.
  1) 다시 최종재 형태로 환류된 국내 부가가치(RDV_FIN, T6),
  2) 제3국 경유하여 국내로 최종재 형태로 환류된 부가가치(RDV_FIN2, T7)
  3) 중간재 형태로 환류된 국내 부가가치(RDV_INT, T8) 등
- r국 i산업의 s국으로의 수출에 포함된 외국 부가가치(FVA)는 다음과 같이 구분된다.
  1) 최종재 수출에 포함된 s국(수출 대상국)의 부가가치(MVA_FIN, T11)
  2) 최종재 수출에 포함된 제3국 원천의 외국 부가가치(OVA_FIN, T14)
  3) 중간재 수출에 포함된 s국(수출 대상국)의 부가가치(MVA_INT, T12)
  4) 중간재 수출에 포함된 제3국 원천의 외국 부가가치(OVA_INT, T15) 등
- MVA_FIN(T11)과 MVA_INT(T12)는 r국이 s국 수입 중간재를 사용하여 생산한 후 다시 최종재 또는 중간재 형태로 수출한 s국 부가가치
- OVA_FIN(T14)와 OVA_INT(T12)는 r국이 r, s가 아닌 제3국 수입 중간재를 사용하여 생산한 후 다시 최종재 또는 중간재 형태로 s국으로 수출할 때 포함된 제3국의 부가가치
- 순수 중복항(PDC)은 2개 항목의 외국원천 순수 중복항과 역시 2개 항목의 국내원천 순수 중복항 등 4개 세부항목으로 구별

[그림 2-1]과 〈Box 1〉의 내용은 r국이 i재화를 s국으로 수출할 때 이에 포함된 외국의 부가가치를 세분화한 것이다. 이 그림을 본격적으로 설명하기보다는 몇 가지 유용한 지표를 소개하기로 한다. 글로벌가치사슬은 매우 다양한 형태로 네트워크화되어 있고 특정한 형태의 공정분업을 다양한 지표로 측정한다는 사실을 전달하는 것으로 만족하기로 한다.

첫째, 타입 1 수직분업 지표 VS(vertical specialization)이다. 이는 중간재와 최종재 모두를 포함하는 총수출에서 차지하는 수입 중간재의 비중을 나타낸다. 위 그림에서 중간재의 수출에서 차지하는 수입 중간재 비중(T12+T15)과 최종재 형태의 수출에서 차지하는 수입 중간재의 비중(T11+T14)이 이에 해당한다.

둘째, 타입 2 수직분업 또는 역 수직분업 지표인 VS1이다. 총수출에서 차지하는 중간재 수출의 비중으로 수출국 입장에서는 역수직 분업 VS1이지만 수출 대상국 입장에서는 수직분업 VS다. 위 그림에서 중간재 형태 수출에 포함된 국내 부가가치 비중(T2+T3+T4+T5)가 이에 해당한다.

셋째, 수입에 포함된 국내부가가치(domestic contents of imports) 형태의 수직분업 지표 VS*이다. 수입에 포함된 국내부가가치 비중으로 위 그림에서 환류된 국내 부가가치(RDV: T6+T7+T8)가 이에 해당한다. 예를 들어 A국이 B국에 중간재를 수출하고 B국이 이를 투입하여 중간재를 다시 생산한 후 다시 A국으로 수출한 경우이다.

---

*5 동 내용은 이창수(2020: 84-86)를 재수록한 것임.

상호의존하는 세계

GVC를 측정하는 다양한 지표를 살펴보면 무역상의 변화가 어떠한 방식으로 가치사슬에 영향을 미치는지 이해하는 데 도움이 된다. 미-중 무역분쟁은 세계의 중국으로의 수출을 감소시키지만 다른 나라의 미국으로의 수출뿐만 아니라 전 세계 교역량을 증가시킬 수도 있다. 미-중 갈등이 세계 교역 전체에 미치는 영향을 예단하기에는 이르다는 결론에 그치는 것이 아니다(6장 참조 및 Fajgelbaum et al., 2022). 복잡한 GVC와 부가가치의 흐름을 생각하면 그 영향이 실제 현장에서 일어나는 변화를 파악하는 일 자체가 처음부터 어려울 것임을 인식해야 한다.

실제로 다국적 기업을 포함한 외국기업들이 중국 내의 공정을 베트남으로 일부 대체되고 있지만 이러한 변화가 GVC의 전반적 구조적 변화의 증거로 확정하기도 어렵다(Goulard, 2020: 57-58).[*6] 최근 미국의 다국적 기업의 하청기업들이 중국으로부터 자국으로 이전하는 숫자가 늘어나는 경향이 있지만 공정 전체가 이전하는지 아니면 공정이 더 세분화하고 있는 것인지 파악하는 작업은 많은 시간이 경과한 후에야 가능하다. GVC의 구조는 변하지 않고 간단한 투자의 지리적 분포에 불과한, 예를 들어 중국은 외국인 투자를 일부 상실하고 베트남은 늘어난 것에 지나지 않을 수도 있다.

[*6] 그렇지만 한국 경제의 경우 중국과의 밀접한 GVC 연계 속에서 경제성장 기조를 유지하고 있었기 때문에, 첨단기술 및 전략 부문 GVC에서의 중국 배제 흐름이 한국 경제에 큰 영향을 미칠 것으로 판단된다. 특히 미국 및 중국이 동시에 추진하고 있는 리쇼어링(reshoring) 정책이 한국 경제에 가장 큰 도전이 될 것으로 판단된다. 베트남 또는 EU 등으로의 우회 방식이 가능하지 않게 되고 미국, 중국 중 하나를 선택해야 하는 과제에 직면하기 때문이다.

〈표 2-1〉은 현재의 GVC 구조가 특정 국가에 대한 과도한 의존이 아니라 글자 그대로 '글로벌' 차원에서 많은 나라에 광범위하게 걸쳐 있음을 보여준다. 이 표는 한국, 대만 그리고 일본의 중국과 미국에 대한 수출을 앞에서 설명한 WWZ 방식으로 분해한 것이다. 일단 한국의 대 중국 수출액 중에서 중국 내수로 최종 흡수되는 비중(T1+T2)이 2021년도 기준으로 53.1%이다, 대만 및 일본의 대 중국 수출의 경우는 그 비중이 각각 45.9% 및 79.5%이다. 한국의 대 중국 수출중에서 절반 가량이 중국 내에서 흡수되고 나머지는 절반은 다시 중국 이외의 국가로 재수출되어 최종 소비되는 것이다.

〈표 2-1〉 한국·대만·일본의 대 중국 및 미국 수출의 WWZ 분해
(요약표, MRIO 2021)

수출국	수입국	DVA	내수 (T1+T2)	전방 (T3+T4+T5)	FVA 후방 (T14+T11+T15+T12)	RDV	PDC 순수 중복항
한국	중국	69.7	53.1	16.5	20.6	0.6	9.1
한국	미국	68.4	63.6	4.9	27.4	0.2	4.0
대만	중국	60.9	45.9	15.0	26.4	0.3	12.4
대만	미국	61.7	57.0	4.7	33.6	0.1	4.6
일본	중국	79.5	64.1	15.3	14.3	1.0	5.2
일본	미국	82.5	77.1	5.3	15.3	0.3	2.0

자료 : ADB(2022)

주) 2021년도 MRIO(Multi-Region Input-Output Table, 다지역산업연관표)를 사용하여 WWZ 방식으로 분해한 결과(〈심층분석 1〉 참조)의 요약표임.

미-중 무역 분쟁으로 인하여 미국과 중국 사이에서 선택을 해야 한다거나, 분쟁으로 인하여 한국이 입게 될 수출 손실에 대해

우려하는 가장 큰 논거는 한국 수출의 중국의존도이다. 주지하듯이 중국이 한국의 제1 수출 대상국이기 때문이다. 그러나 이 표에 의하면 한국 수출의 절반 정도만이 중국 내수로 흡수되고 있으며 나머지는 중국을 경유하여 다른 외국에서 최종 소비되고 있음을 말해준다. 따라서 한국이 입게 될 피해는 한편으로는 과장되어 있다고 볼 수 있다. 이론적으로는 한국에서 발생한 부가가치의 절반 정도가 제3국에서 소비된다면 다른 루트를 통하여 수출하면 되기 때문이다. 그러나 설사 제3국에서 절반이 최종 소비된다 할지라도 어쨌든 현재는 중국의 제3국 수출을 통하여 일어난다는 사실 그 자체가 중요할 수 있다. 즉, 중국의 수출감소가 간접적으로 한국의 수출에 부정적으로 작용할 수밖에 없는 구조하에서 기업이 이를 대체할 수요처를 구하는 것은 쉬운 일이 아니다. 당초에 중국의 제3국에 대한 수출 능력 때문에 한국의 수출이 가능한 측면도 상당하기 때문이기도 하다. 미국에 대한 수출은 63% 이상 미국 내에서 소비된다는 점에서 한국의 대 중국, 대 미국 의존도의 성격에 그만큼 차이가 있음을 잘 알 수 있다. 대만은 한국과 비슷한 구조인 데 반하여 일본은 중국에 의한 간접수출의 비중이 현저히 낮으며 미국 내 자체 흡수 비중도 매우 높은 것이 특징이다.

참고로 [그림 2-2]는 전체 산업과 전기·전자 산업의 한국, 대만, 일본의 대 중국 수출에서 부가가치 수출이 차지하는 비중을 비교한 것이다. 대만의 경우 대 중국 부가가치수출 비중이 각각 약 61% 수준으로 서로 차이가 없다. 한국의 경우 전 산업은 약 70%인데 반하여 전기·전자 산업이 5% 포인트 더 높다. 일본의 경우 양자 모두 부가가치 수출이 약 80%에 달하고 있다. 전기·전자 산업에 있어서 한국과 중국의 분업구조가 상대적으로 더 높은 의존도를 말해주는 것이다.

[그림 2-2] 부가가치수출 비중(VAX, MRIO 2021)

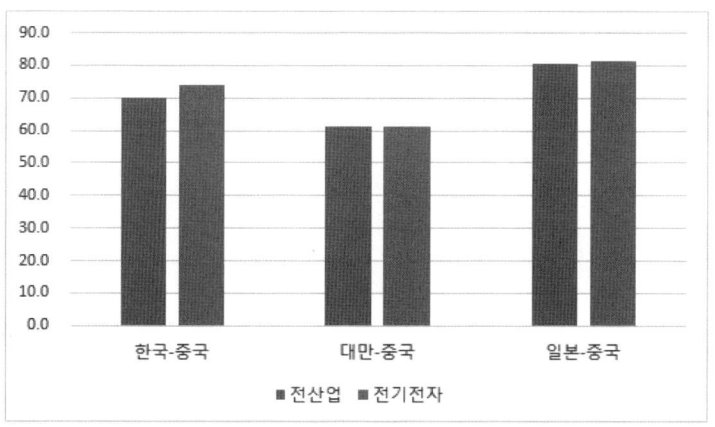

자료 : ADB(2022)
주) 2021년도 MRIO(다지역산업연관표)를 사용하여 WWZ 방식으로 분해한 결과임.

일반적으로 공급망 길이라는 개념을 통하여 특정 산업의 생산에 투입한 중간재들에 들어가 있는 평균적인 생산단계의 숫자를 나타낸다. [그림 2-3]이 보여주듯이, 대체로 제조업의 공급망 길이가 긴 것은 당연하다. 제조업 중에서는 자동차 등 운송장비업에서 가장 긴 것으로 나타났다. 자동차 산업의 경우 중간재 투입비중이 높고 공급망이 여러 단계로 나누어져 있으며, 대체가 어려운 부품·소재가 많이 투입되기 때문이다. 공급망의 길이가 길다는 것은 외부적 충격에 약하고 회복도 더딜 수 있음을 말한다. 자동차 산업이 COVID-19를 겪으면서 상대적으로 더 충격을 받은 산업으로 거론된 이유이기도 하다. 차량용 반도체가 상대적으로 낮은 가격의 범용반도체임에도 불구하고 동남아 지역에서의 공급차질이 전 세계적인 자동차 공급마비로 이어진 것이 이를 말해준다.

[그림 2-3] 산업별 공급망의 길이

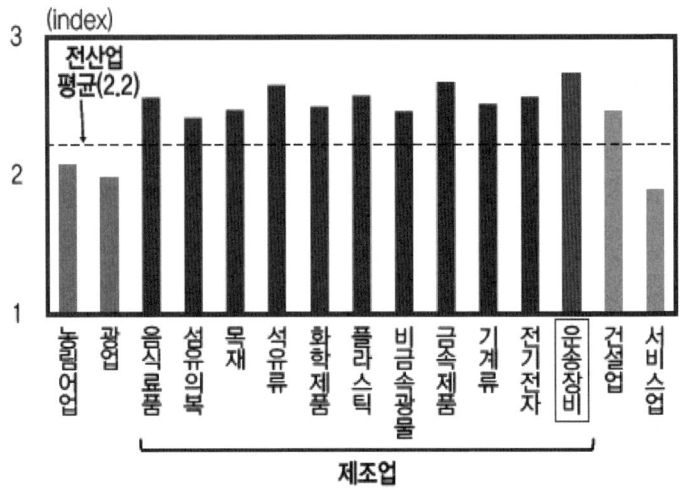

출처) 박창현·김선진·이규환·주연희. 최근 글로벌 공급망 차질의 특징 및 국내 산업에 미치는 영향. BOK ISSUE, Note 2022-24.

[그림 2-4] GVC 평균 생산길이의 변화(2007~2021)

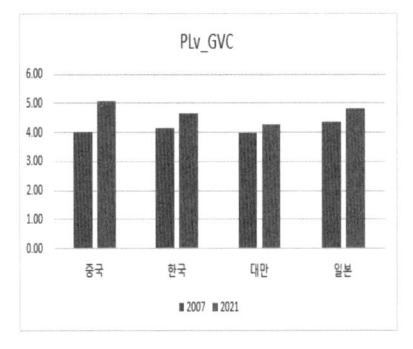
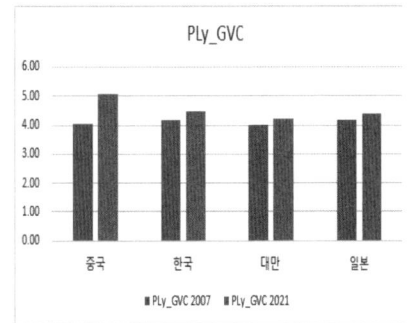

자료 : ADB(2022)
주) PLv_GVC와 PLy_GVC는 각각 GVC 생산의 전방연계 길이와 후방연계 길이임.

[그림 2-4]에 의하면 공급망의 길이가 지난 10여 년간에도 더 늘어났다는 것을 알 수 있다. 여기서 전방연계는 중간재로 투입되는 경우, 후방연계는 최종재로 사용되는 경우로 간단히 이해하면 된다. 이러한 변화는 대외경제정책연구원(KIEP, 2021)의 연구가 제시하는 사실과 일관성을 갖는데 이 연구는 "최종재와 중간재 네트워크에서 지역화의 모습이 전반적으로 포착되며, 특히 아시아지역은 중국, 한국, 일본 이외에 베트남, 인도, 태국, 싱가포르 등 다양한 신흥국의 참여가 확대되었다"고 보고하고 있다. 특히 "아시아지역은 역내 다양한 국가들과 가치사슬 연계성이 증대 중"임을 밝히고 있다. 물론 미-중 갈등이 공급망 길이를 축소하는 관측이 제기되는 것도 사실이지만 아직 커다란 의미가 있는 수준은 아니다. 설사 공급망 또는 글로벌가치사슬에 대한 유의미한 변화가 있다 하더라도 기존에 구축된 가치사슬의 구조를 근본적으로 해체하는 상황을 기대하는 것은 아직은 비현실적이다.

성장론 관점에서의 GVC의 가치

결국 GVC의 확대는 시장경제하에서 성장 및 발전과 거의 동일한 의미다. 중간재의 국가 간 거래와 제품의 운송이 시장경제 틀 속에서 이루어져야 한다는 점에서 시장경제적 기반은 GVC 확대의 필요조건으로 간주할 수 있다. 한 걸음 더 나아가 GVC에 참여하는 국가가 시장경제 체제를 안정적으로 유지해야 한다는 점에서 시장경제는 GVC와 동일시할 수 있으므로 거의 필요충분조건으로까지 볼 수 있다. 특히 1980년대 이후 GVC가 전 세계에서 크게 활성화된 것도 시장경제를 기초로 한 무역 자유화의

진전에 바탕을 두고 있다. Amador and Cabral(2016: 290-93)
의 연구처럼, 많은 학자들이 GVC 발전의 정치경제적 요건으로
자유화와 시장경제를 지적한 것도 동일한 맥락이다. 국제질서와
세계경제는 불가분의 관계를 가지며 양자 간의 상호작용에 주의
를 기울여야 할 이유이다. 만일 어떤 GVC 참여국가에서 국경장
벽이 높아지고 국가 간 거래가 위축된다면, 또는 GVC 참여국가
가 정치적 동기에 의해 시장경제의 규범과 원칙을 저버리게 된다
면 GVC로 성립한 국제 수직분업 네트워크는 흔들릴 수밖에 없
다. 한마디로 자유주의적 국제질서는 GVC 확대의 제도적 인프라
와 같은 역할을 담당한다. 따라서 국제질서의 변화는 어떠한 형태
로든 GVC에도 영향을 미칠 수밖에 없다는 결론에 이르게 된다.

경제성장론 관점에서도 GVC가 갖는 의미는 매우 크다. 혁신
을 바탕으로 한 작금의 기술적 산업적 변화가 성장의 원천으로
작용하며 글로벌가치사슬의 구조변화가 이들 뒷받침하기 때문이
다. 산업혁명 이후 역사적으로 사실로 증명된 정형화된 사실
(stylized facts) 중 하나가 각국의 GDP 증가와 무역량 증가 간
에 밀접한 정의 관계가 발견된다는 것이다. 개도국 내생적 성장
모형인 기술확산 모형의 하나인 세계화-무역 모형에 의하면 수입
의 GDP 비중인 개방도가 증가하면 외국 중간재 비율(외국중간재
/국내중간재)이 증가함으로써 각국의 1인당 소득이 증가한다. 예
를 들어, 근래의 한 연구(Broda, Greenfield and Weinstein,
2010)는 외국 중간재 비율 증가가 2.0% 수준의 개도국 장기 균
형성장률을 매년 0.6% 포인트 증가시키는 것으로 보고하였다. 정
리하면 각국은 GVC에 적극 참여함으로써 장기균형 1인당 소득
수준의 증가를 이룰 수 있다는 연구 결과이다.*[7]

선진국의 경우 1인당 소득의 성장률을 증가시킬 수 있는(성장

률 효과) 변수는 오직 하나 기술혁신이다. 투자율 등 기타 정책변수는 1인당 소득의 수준만을 증가시킬 수 있다. 이에 비해 기술확산 모형에 따르면 개도국의 경우는 선진국이 개발한 기술을 활용할 수 있는 능력(선진 기술 및 이를 체화한 중간재를 사용할 수 있는 능력)이 증가하면서 1인당 소득수준이 증가한다. 그러나 기술 수준이 선진국에 가까워질수록 1인당 소득 증가의 속도는 감소하고 장기 균형상태에서 선진국과 개도국의 장기경제성장률은 선진국의 기술혁신 속도와 같아진다.

GVC의 확산은 개도국의 1인당 소득 수준을 제고 즉, 경제성장을 견인할 수 있으나 장기적으로 1인당 소득 증가율 자체를 증가시키는 것은 아니다. 장기균형 성장률의 원천은 혁신에 있기 때문이다. 미-중 갈등은 이런 맥락에서 이해할 수도 있다. 미국이 일부 전략 품목의 GVC 또는 공급망에서 중국을 배제하고자 하는 것은 결국 미국과 중국의 기술적 격차를 통한 공급망에서의 우위적 위치를 확보하고 이를 통하여 혁신을 촉진함으로써 장기성장률을 제고하기 위함이다. 중국이 자체적인 GVC 구축을 공언하고 있는 것도 이러한 격차를 극복하거나 신산업에서의 혁신 경쟁에서 배제되지 않기 위한 노력이다.

이와 반대로 성장론의 관점은 GVC에서의 중국 역할 확대가 GVC와 관련한 양국 간 마찰의 근본적 원인으로 보기 힘들게 만들기도 한다. GVC 확대가 수준 효과 변수이지 증가율 효과 변수가 아니기 때문이다. 그럼에도 현재 선진국의 기술혁신 속도에 비해 중국의 기술추격 속도가 상대적으로 빠르기 때문에 선진 경제

---

[7] 여기서 유의해야 할 점은 시장개방도의 증가 또는 생산에 있어서 외국 중간재 비율 증가가 1인당 소득 수준을 상승(수준효과)에도 불구하고 1인당 소득의 증가율(성장률 효과) 그 자체는 상승시킬 수는 없다.

의 안정성이 약화되는 상황을 정치적으로 수용하지 못하고 있는 것으로 보아야 한다. 자유주의적 질서를 책임지고 있는 미국과 서방의 관점에서는 중국이 리더의 위치와 책임을 완수할 수 있는 지위에 적합하지 못한 것으로 판단하고 있다. 동시에 미국과 선진국은 중국의 산업 및 기술적 추격에 지나친 대응으로 인하여 자유주의적 질서에 기반한 세계화와 GVC가 오히려 약화되는 역효과에 직면하고 있음도 지적하지 않을 수 없다.

미-중 양국의 대결 국면이 심화되고 또 장기화할 전망이 우세한 것은 기술 및 산업의 변화 속에서 GVC에서 국가 간의 우위가 확립될 때까지 상당히 긴 시간이 필요하기 때문이다. 또한 양국 간의 외교·안보적 갈등과 통상마찰로 인한 국제 공급망의 분절화는 첨단기술과 전략산업 등 제한된 범위 내에서만 이루어질 것으로 보인다. 전산업에 걸친 GVC의 구조변화는 양국은 물론 세계의 나머지 국가들이 수용할 수 없기 때문이다. 간단히 생각해도 비첨단 기술 및 비전략 부문에서는 기존 GVC 네트워크가 지속되지 않을 이유는 없다.

이와 관련하여 한국무역협회는 월스트리트저널의 보도를 다음과 같이 인용한 바 있다. "미국에서 해외로의 기술·서비스 수출통제를 담당하는 상무부가 대중국 기술 수출 대부분을 허가 중이라는 보도가 나왔다. 중국 견제를 주창해 온 행보가 무색해 논란이 예상된다. (중략) 미국 상무부는 지난 2020년 중국에 총 1,250억 달러(약 164조 1,250억 원)를 수출했는데, 이들 중 5% 이하가 허가를 요하는 품목이다. 상무부는 그 중 94%, 2,652건의 기술 수출을 허가했다고 한다."라고 보고하였다.[8] 이 중에는 반도체, 항

---

[8] 한국무역협회, 2022.8.17.

공우주 부품, 인공지능(AI) 기술과 같은 첨단분야도 일부 포함하고 있는 것으로 보인다. 그러나 위 보도의 핵심은 94% 허가에 초점을 맞추기보다는 허가되지 않은 품목과 기술리스트가 무엇인지 파악해야 할 필요성을 말해주는 것이기도 하다. 미국이 핵심 분야에서 중국을 배제하고자 하지만 여전히 대다수의 제품과 기술을 수출하는 것이 미국의 이익에 부합한다고 여긴다. 일부 첨단기술 및 전략부문에서는 중국 배제 공급망 구축이 시도될 것이지만 대폭적인 배제를 상상하는 것은 비현실적이다. 어차피 세계경제의 대부분은 첨단 및 전략산업이 아닌 보통의 재화와 서비스로 구성되어 있기 때문이다. 물론 강대국 간의 지도적 위치 확보를 위한 경쟁이 글로벌가치사슬 전반에 미칠 영향을 단정하는 일 또한 쉽게 예단할 일이 아닌 것도 사실이다.

    20세기 후반, 시장경제의 진화는 세계화와 글로벌가치사슬의 확장과 함께하였다. 18세기 당시에 리카도의 비교우위 이론이 정치·경제·사회적으로 수용된 것은 자본주의적 질서가 자리 잡았기 때문이며 그 반대라고 볼 수는 없다. 시장경제체제가 세계경제의 주도적 질서로 자리 잡고 있는 한 지금의 이념적 대립, 또는 진영적 대립이 기존의 국제경제질서와 글로벌가치사슬을 근본적으로 훼손할 것이라는 시나리오의 현실성을 크지 않다. 그러나 근본적 변화가 아니고 부분적인 변화라 할지라도 현실경제에 미치는 영향은 막대하다. 예를 들어, 인류사회가 COVID-19을 글로벌 봉쇄(lockdown)로 대응함으로써 세계경제는 매우 큰 마이너스 충격을 경험하였다. 그 후유증은 오히려 단기적이며 세계경제의 회복

---

https://www.kita.net/cmmrcInfo/cmmrcNews/cmmrcNews/cmmrcNewsDetail.do?pageIndex=1&nIndex=70013&sSiteid=2

은 시간이 해결할 문제라고 볼 수도 있다. 만일 이러한 돌발적 사태가 아니라 그동안 형성된 글로벌가차사슬을 영구적으로 훼손하는 외부적 충격이 발생한다면 온다면 그것이 갖는 경제적 파급효과는 질적으로 다르게 나타날 것이다. 오늘날 목격하고 있는 패권을 둘러싼 강대국 간의 갈등과 전쟁의 위기는 바로 이러한 외부충격으로 작용할 위협으로 와 있다. 세계화의 미래에 대한 논의가 항상 국제질서의 변화 방향에 대한 요인을 수반하는 이유이다.

제3장

국제질서와 세계경제의 이중나선

제3장 국제질서와 세계경제의 이중나선

패권은 세계를 안정시키나?

국가 간의 경쟁과 대립은 일상적이다. 본질적으로 무정부 상태와 다름없는 각자도생의 국제사회가 갈등과 화합을 반복하는 것은 자연스럽다.[*1] 그렇다 하더라도 오늘날과 같은 대립양상은 20세기 중반 이후 세계경제가 꾸준히 구축해 온 글로벌가치사슬의 기초를 위협(또는 그 공포)하는 단계에까지 이르게 하였다. 미국과 중국처럼 국제사회에서 압도적 위치에 있는 국가 간의 갈등은 세계적 차원의 위기로 현실화할 가능성에 대한 우려가 높다.

이러한 상황을 패권국의 지위가 흔들리기 때문으로 해석하기도 한다. 패권(hegemony)이란 국제사회에서 다른 모든 나라를 압도하는 힘이다. 그 힘은 군사력 경제력 외교력의 총체적 산물이다. 우리가 살고 있는 시대에서 이에 해당하는 국가는 당연히 미국이었고 미국의 압도적 국력을 중심으로 현대 국제질서가 형성

[*1] 현재의 국제질서가 1648년 베스트팔렌 조약에 기초하고 있는데 이는 각국의 주권을 기반으로 하고 있으며 주권국가는 내정불간섭과 대외적 독립성을 갖는 것으로 되어 있다. 따라서 국제질서는 원칙적으로 무정부 상태이며 현실적으로는 세력의 균형에 의하여 유지된다.

되었다는 사실에 이의를 제기할 사람은 없다. 영국의 패권하에서 자유주의 국제 정치·경제 질서가 발전하고 '100년 평화'로 불린 국제정치적 안정이 유지됐던 '팍스 브리타니카(Pax Britannica)'는 패권적 질서의 또 다른 대표적 사례다. 2차 세계대전 이후 미국의 패권에 기반하여 재건된 자유주의 질서가 그 뒤를 이은 것이다. 그러면 오늘날의 혼돈은 압도적 국력을 바탕으로 한 패권국가가 사라져서 생긴 일인가?

이러한 관점에서 국제 정치질서의 변화를 설명하는 이론이 패권안정론(hegemonic stability theory)이다. 패권국의 존재가 국제질서의 안정을 보장하며, 이 안정성은 패권국의 능력에 비례한다는 이론이다. 이 이론은 20세기 들어서 국제질서 붕괴와 혼란 그리고 연이은 두 차례의 세계대전은 영국 패권이 쇠퇴한 상황에서 새로운 국제질서를 건설할 패권의 부재로 인해 발생하였다고 설명한다. 이른바 '체계적 카오스(Arrighi, 1994)'로 묘사되는데 이는 국가 간 체계의 질서가 무너진 혼돈의 상태를 말한다.

그러나 패권안정론은 종속변수 즉, 패권국가의 존재가 안정성을 제공한다 할지라도 안정성이 무엇을 의미하는지 명확하지는 않다는 문제를 갖고 있다. 대체로 패권안정론자들이 내세우는 '안정성'은 미국이 주도하는 자유주의 질서의 유지와 사실상 동일시된다. 안정성에 대한 이러한 정의는 미국이 주도하는 자유주의적이고 개방적인 국제 정치·경제 질서가 세계의 안정과 번영에 기여한다는 인식에 토대를 두고 있다. 패권안정론이 미국 패권을 옹호하는 이데올로기적 함의를 갖는다는 비판을 받아온 것도 바로 이 때문이다.[2]

---

[2] 이런 편향은 탈냉전 이후에도 '단극 체계'의 안정성을 둘러싼 논쟁에서도 그대

이런 편향으로 인해 패권 쇠퇴에 대한 미국의 대응, 그리고 이로 인해 나타난 국제 정치·경제 질서의 변화가 제대로 설명되지 못하고 있다. 패권이 형성되는 시기에는 국제질서의 안정적 유지에 있어서 패권국의 역할에 대한 설명은 비교적 명료하다. 반면에 패권의 쇠퇴 국면에서 패권국이 택하는 전략과 그 결과에 관한 논의로는 충분히 발전되지 못한 것으로 평가된다. 현재 국제 정치·경제질서의 상황에 대한 설명과 전개 방향에 대한 체계적 전망이 어려운 이유이기도 하다.*3

미국의 압도적 지위가 약해짐에 따라 발생하는 변화의 경험이 전혀 새로운 것은 아니다. 1970년대에도 미국 패권 쇠퇴의 징후들이 나타난 바 있으며 당시에도 2차 대전 후 미국의 압도적인 우위에 의존했던 국제 정치·경제 질서 또한 위기에 빠졌었다. 패권안정론이 미국의 쇠퇴와 국제질서의 불안정을 직접적으로 연계시킬 수 있었던 것도 현실의 이러한 변화 때문일 것이다. 1980년대 이후 미국이 전략적으로 세계화를 추진하면서 미국 패권의 쇠퇴 추세는 역전하였으나 국제 정치·경제 질서의 불안정성은 다시

로 드러났다. 미국 패권의 입헌주의적 속성, 즉 미국이 자신이 가진 힘을 제도적으로 제약하고, 고도로 절제된 방식으로 사용한다는 점이 안정성의 근거로 제시됐다(Ikenberry, 1998, 2001; Deudney and Ikenberry, 1999). 미국이 구축한 자유주의적 국제질서(liberal international order)는 규칙에 기반한 질서이기 때문에, 국제질서의 안정이라는 보편적 이익에 기여한다는 것이 이들의 주장이었다. 탈냉전 초기 국제정치 담론을 지배한 '역사의 종언' 같은 승리주의적 레토릭과 '신세계질서' 같은 미국의 비전에서도 이런 편향이 드러났다.

*3 보통의 국가와는 달리 패권국은 자국에게 유리한 방식으로 국제질서를 변화시키거나, 불리한 변화를 거부할 수 있으며, 국제질서의 안정을 담보로 자신의 이익을 추구할 수 있는 능력을 가지고 있다. 자신의 이익에 부합하는 국제질서를 형성하는 '체계의 설계자(system maker)'인 동시에, 이로부터 특권을 추구하는 '특권 추구자(privilege taker)'인 것이다. 특히 미국의 경우 과거 다른 패권들보다 국제질서를 변화시킬 수 있는 구조적 능력이 더 큰 것으로 평가된다(백창재, 2008: 113; Mastanduno, 2009; Schweller, 2018).

심화되기도 하였다. 2007-08년 글로벌 금융위기가 대표적 사례이다. 중국의 부상으로 인해 미국 패권과 이를 뒷받침한 1980년대 이래의 세계화 구조가 도전에 직면한 현재의 상황 역시 같은 맥락에서 분석되어야 한다.

미국과 중국의 상호의존적 결합은 2000년대 이후 세계화의 핵심 동력이었다. '차이메리카(Chimerica)'(Ferguson and Schularick, 2009), '브레튼우즈 II'(Dooley et als, 2003) 라는 용어가 양국의 상호의존적이고 호혜적인 관계를 표현하였다. 그러나 2007-08년 금융위기 이후 미국 패권의 취약성이 드러나고 중국의 부상이 지속되면서 미-중 상호의존성에 내포된 적대적 요소와 모순이 드러나기 시작했다. 기존 질서에서 자신의 이익을 효과적으로 추구할 수 없게 된 미국이 국제 정치·경제 질서를 변화시키고, 본격적으로 자신의 이익을 추구하는 상황에까지 이르게 되었다.

미국은 중·장기적인 차원에서 중국의 부상을 견제하고, 패권을 쇄신할 수 있는 대안을 모색하기 시작했다. 세계전략의 중심축을 동아시아 지역으로 이동하고, 이 지역 내의 정치·경제 질서의 재편을 위해 적극 개입하고자 한 오바마 행정부의 소위 재균형(rebalancing) 전략이다. 트럼프 행정부 출범 이후에도 이런 기조는 지속되었다. 그러나 트럼프의 일방주의하에서 미-중 간의 갈등과 전략경쟁은 일부에서는 신냉전으로 지칭될 정도로 악화되고 국제사회의 긴장도를 높였다. 바이든 행정부도 대중 강경기조를 계승했고, 가치외교와 동맹 강화를 내세우면서 신냉전적인 진영 간 구도는 더 강화됐다. 그 결과 양국 경제의 탈동조화(decoupling) 경향에 대한 우려가 점증하였고 호혜적 성격의 상호의존성이 오히려 무기화(weaponization)할 조짐마저 나타나고 있다.

이처럼 미-중 전략경쟁으로 인해 미국 주도하에 30~40년간 확대돼 온 세계화가 의문에 부쳐지고 있다. 과거와 마찬가지로 향후 국제 정치·경제 질서의 진로를 결정할 가장 중요한 변수는 국제 정치·경제 질서를 재편하고자 하는 패권국의 전략, 그리고 패권국과 도전국의 전략적 상호작용이다. 패권국을 현상유지 행위자로 전제하는 정적인 분석으로는 국제질서의 불안정을 야기하면서까지 자국의 이익을 추구하는 패권국의 수정주의 전략과 이에 대응하는 도전국의 전략적 상호작용이 분석될 수 없다. 따라서 패권국의 능동적 전략을 더 적극적으로 고려하면서 세계화의 역사를 살펴보고 이를 바탕으로 미-중 전략경쟁 시대에 따른 세계화의 변화 방향을 전망할 필요가 있다.

세계화와 미국 패권의 부활

'연계된 자유주의(embedded liberalism)'로 지칭되는 전후 국제 정치·경제 질서는 미국의 압도적인 능력에 의존하는 질서였다. 그러나 이러한 질서의 약점은 분명했다. 미국에 대한 높은 의존성은 반대로 미국의 능력이 약화되거나 미국의 전략이 변화하면 국제질서가 위기에 처할 수 있기 때문이다.

1970년대 초반 패권 쇠퇴에 직면한 미국은 국제 정치·경제 질서를 변형할 수 있는 구조적 권력을 활용해서 일방주의적 전략으로 대응했다. 기축통화 발권력을 극대화하는 전략과 무역 불균형을 흑자국에게 전가하는 전략이 두 축이었다. 1971년 일방적으로 금태환을 중지한 미국은 이후에도 금의 비화폐화(demonetizing)를 주장했고, IMF 특별인출권(SDR)의 역할을 확대하자는 제안에도 반대했다. 금과 달러의 연계를 끊고 사실상의 달러본위제를 확립해 금태환의 의무에서 해방되고, 기축통화 발권력을 극대화하겠다는 것이 미국의 구상이었다. 그러나 금과 연동되지 않은 특정 국가의 화폐가 기축통화로 사용되면서 이러한 비대칭성으로 인한 비용을 전 세계가 부담하였다. 특히 기축통화 발행국인 미국이 자국 위주의 거시통화정책을 실시함으로써 국제통화체제가 불안정해질 가능성도 커졌다(Rochon and Rossi, 2006: 17-18; Seabrooke, 2011: 75; Guttmann, 1994: 128-149; Walter, 1991: 72-76).[*4]

미국은 무역정책에서도 일방주의적인 전략을 강화했다. 그 핵심은 흑자국에 대한 통상압력 강화, 그리고 무역 불균형 조정 비용의 전가였다. 1971년 발표된 닉슨 행정부의 '신경제정책(New Economic Policy)'은 주요 흑자국에 대한 10%의 과징금 부과를 규정했고, 흑자국 통화의 평가절상과 불공정 무역관행의 수정을 요구했다.[*5] 서유럽 국가들과 일본은 자발적 수출규제 등을 통해서 미국의 전략에 협조했고, 마르크화와 엔화는 각각 13.6%, 16.9% 평가절상됐다. 서독과 일본은 평가절상을 수용하는 대신 달러의 금태환 재개를 요구했지만, 미국은 이를 거부했다(Odell, 1982: 277-287).

[*4] 국제수지 균형이나 달러가치 안정을 위한 미국 국내경제 조정을 거부한 '선의의 무관심(benign neglect)' 정책이 대표적 사례였다. "달러는 우리의 통화지만 당신들의 문제(The dollar is our currency, but your problem)"라던 당시 미국 재무장관 존 코널리(J. Connally)의 발언이 미국의 무책임한 태도를 상징했다. 이는 미국이 달러가치 하락과 인플레이션 등의 비용을 다른 국가들에게 전가하면서 국제 정치·경제 질서의 불안정을 야기하고 자신의 이익을 추구했음을 의미했다.

[*5] 이러한 1970년대의 정책적 환경변화는 '신보호주의(New Protectionism)'로 불리었고 당시 산업화를 추진하던 한국이 중화학공업육성정책을 추진하는 배경의 하나로 작용하였다.

1979년 달러위기가 발생하자 미국은 브레튼우즈 체제하에서 억압됐던 거대 국제금융과의 동맹을 통해서 패권을 부활시키는 전략으로 전환했다. 여기에서 가장 중요한 것이 금융규제를 철폐하고, 해외자본이 지속적으로 미국으로 유입될 수 있는 조건을 창출하는 것이었다. 막대한 이중적자가 누적되는 상황에서 금융시장이 팽창하기 위해서는 적자를 상쇄할 수 있는 해외자본이 지속적으로 유입돼야 했기 때문이다. 통상적으로 금융자유화는 국가 자율성과 상충 관계에 있는 것으로 알려져 있지만, 미국의 경우 개방적 금융질서 하에서 거시경제의 자율성과 국제수지의 유연성이 더 커질 수 있었다(Helleiner, 1994: 146-168; Guttmann, 1994: 293-315; Duménil and Lévy, 2004a).

미국은 원활한 자본수입(capital import)을 가능하게 하는 금융세계화를 확대하기 위해서 다양한 정책 수단을 활용했다. 우선 G7 국가들, 특히 서독, 일본 등 주요 흑자국들과의 정책조정을 통해서 미국 금융시장으로 자본이 유입되도록 했다. 1984년의 엔-달러 협정(Yen-Dollar Agreement)이나 1985년의 플라자합의(Plaza Accord)로 대표되는 이런 조치는 환율조정뿐만 아니라 서독과 일본의 미국 국채 매입과 자본시장 개방과 관련된 조항도 포함하고 있었다. 이는 달러의 기축통화 지위를 유지하는 데 필요한 비용을 다른 나라에 전가하는 한편 미국 금융시장으로 자본을 유입시키기 위한 것이었다.[6][7]

---

[6] 국제수지균형의 관점에서 볼 때, 미국의 정책은 경상수지 적자를 불가피하게 하였는데 이는 자본계정의 흑자를 야기할 수밖에 없다. 다시 말하면 미국경제의 높은 투자와 재정지출은 필연적으로 경상수지를 초래한다. 미국 자산에 대한 투자의 형태로 외국자본의 유입을 통하여 이를 충당할 수 밖에 없다는 의미이다. 관련 구체적 사례와 설명은 6장을 참조할 것.

[7] IMF와 세계은행, 경제협력개발기구(이하 OECD) 같은 국제기구들도 미국 재무

미국은 무역에서도 공세적인 전략을 강화했다. 그 핵심은 미국 시장을 보호하고 상대국의 시장을 개방하는 선별적 자유화였다. 미국은 이를 위해 다자주의를 우회하는 양자적, 소다자주의적(mini-lateral) 틀을 적극 활용했다. 또 1988년 종합무역법 등 일련의 공격적인 무역 입법을 통해서 자국 시장의 보호를 시도하는 동시에 시장개방 압력을 강화했다. 소비시장의 규모와 기축통화가 제공하는 구매력으로 인해서 수출의존도가 높은 국가들은 미국에 의존할 수밖에 없었다. 또 다자주의의 틀 내에서 진행되는 무역 자유화 협상에서도 의제를 주도했다. 제1장에서 논의한 바와 같이, 우루과이라운드에서 외환·서비스·정보·농산물시장의 자유화를 의제로 설정했는데, 이는 미국이 경쟁우위를 가지고 있던 부문들을 개방하려는 시도였다(Aggarwal, 2010).

이처럼 미국은 능동적으로 자국의 이익에 부합하는 방향으로 국제 정치·경제 질서를 변화시켰고, 그 결과 패권의 쇄신에 성공했다. 금융 부문을 중심으로 경제적 우위가 회복됐고, ICT 산업을 축으로 하는 '신경제(The New Economy)'의 구조전환을 이행하면서 1990년대에 100개월의 호황이 지속됐다. 금융세계화와 자유무역의 확대를 위한 대외경제전략과 양자 간의 정책조정도 지속됐다.

반면, 도전국과 경쟁국들은 위기에 빠졌고, 국제 정치·경제 질서의 불안정성은 심화됐다. 플라자합의에 따라 엔화가 34.1%, 마

부와의 공조 속에서 중요한 역할을 했다. IMF는 자본이동의 자유화를 조직의 목표로 설정했고, OECD는 가입 조건으로 금융규제 철폐를 요구했다. 또 IMF와 세계은행은 외채위기에 직면한 국가들에게 구제금융을 제공하는 조건으로 시장개방과 구조조정을 요구하기도 했다(Seabrooke, 2001: 126; McMichael, 2012: 208-222; Gowan, 1999).

르크화가 28.1% 평가절상됐고, 서독과 일본의 제조업이 위기에 빠졌다. 서독은 통일과 유럽통합을 통해 돌파구를 찾았지만, 일본은 장기침체에 직면하게 됐다. 무역 및 금융 거버넌스에서 다자주의 제도의 기능은 약화되거나 변형됐고, 국민경제 보호를 위해 금융과 무역의 개방성을 제한했던 제약들이 철폐됐다. 이에 따라 신흥국과 제3세계 국가들은 국민경제의 독자적 발전 전망을 상실한 채 반복적인 금융위기에 노출되기에 이르렀다(Rist, 2014: 70-73, 142; McMichael, 2012: 208-210; Gowan, 1999).

이처럼 1980-90년대 국제 정치·경제 질서가 변화하는 과정은 패권국이 자국의 이익을 위해서 다른 국가의 이익을 희생하는 착취적이고 약탈적인 행위자일 수 있음을 드러냈다. 미국의 공세적 전략 속에서 국제 정치·경제 질서의 개방성이 확대되고 세계화가 진전됐지만, 동시에 불안정성도 커졌다. 이로 인해 미국은 구조적 권력을 강화하고 경쟁국들의 도전을 물리칠 수 있었지만, 미국 또한 이러한 불안정성이 야기하는 위험으로부터 결코 자유로울 수 없으며, 세계화의 유지와 확산 또한 한계가 있을 수밖에 없다는 사실이 드러났다.

패권의 모순과 위험 떠넘기기

이처럼 미국은 유일하게 국제질서를 변형할 수 있는 구조적 권력을 갖고 있었고 또 행사하였다. 미국이 패권을 부활시킬 수 있었던 가장 중요하고 기본적인 수단은 기축통화인 달러의 발권력과 미국경제의 금융부문에서의 우위가 상호 간에 서로를 강화함으로써 발생한 통화·금융 권력이었다. 미국경제의 구조변화로 인하여 제조업 생산과 무역에 있어서 비교우위의 상실은 자연스럽고 오히려 바람직한 측면도 있다. 그러나 국방정책과 감세정책 등으로 인하여 경상수지 적자와 재정적자, 소위 쌍둥이 적자(Twin Deficit)가 누적될 수밖에 없었다. 미국의 재정적자와 경상수지 적자는 거의 동전의 양면과 같다는 의미에서 쌍둥이 적자라는 별칭을 얻었다. 그러나 미국경제가 이를 충분히 상쇄할 수 있는 대규모 자본이 지속적으로 유입됐다. 미국은 이를 토대로 경기를 부양하고, 생산 이상의 소비를 지속했다. 통화·금융 권력에 기반한 막대한 자본수입은 첨단기술과 군사력 우위의 확보를 위한 자원을 제공하였다.

그러나 통화·금융 권력을 토대로 부활한 미국 패권에는 모순이 내포돼 있었다. 통화·금융 권력의 강화를 특징으로 하는 미국 경제의 구조는 대외 부채의 누적과 이를 상쇄하기 위한 자본유입의 증가, 그리고 금융 불안정성 심화와 동시에 진행될 수밖에 없었다. 외부로부터의 자본유입과 금융시장의 지속적 팽창 없이는 미국 패권이 유지될 수 없음을 의미했다. 흑자국과의 정책조정이 중요한 이유도 바로 이 때문이었다(공민석, 2018). 물론 이러한 구조 그 자체가 반드시 모순이며 지속성을 결여한다고 보기만은 어렵다. 그것은 천문학적인 상품수지의 적자에 반하여 서비스 수지 흑자를 누리고 있었다는 사실에 의해서도 증명된다. 다만 이를 종합하는 경상수지의 적자는 만성적인 구조를 갖고 있었는데, 이는 어디까지나 낮은 저축률과 높은 투자율 그리고 막대한 재정적자라는 미국의 국내 거시경제적 문제에서 비롯되었다. 엄밀히 말해서 이는 미국의 국내문제이지만 정치적으로는 통상분쟁을 통하여 외부의 적을 만들어 내는 것이 효과적이었다.

미국의 대외불균형 해결을 위하여 가장 중요한 것이 중국의 수출달러 환류(recycle)였다. 1980-90년대에는 일본과 서독의 수출달러, 그리고 중동의 석유달러가 잉여자본을 공급했다면 2000년대에는 중국이 이를 대체했다. 신경제 붕괴 이후 이중적자가 급속히 증가하는 와중에도 미국의 통화·금융 권력이 유지된 것은 바로 이런 메커니즘 때문이었다. 중국의 수출달러 환류는 미국의 통화·금융 권력에 기여했지만, 중국 또한 미국의 기술과 자본, 그리고 소비시장에 의존해서 성장을 지속하는 선순환 관계가 형성됐다. 그 결과 중국은 미국 주도 세계화 구조를 지탱하는 핵심 파트너이자 경쟁자로 부상했다.

미국과 중국의 상호의존적 관계는 상호이익의 공생관계이지만 매우 불안정하고 위험한 성격을 가졌다. 중국의 과도한 달러자산 보유는 외환보유는 국내 수요침체를 비롯한 각종 비용을 유발했다. 간단히 말해서 달러자산을 단순히 보유하는 대신 보다 생산적인 부문에 투자할 수 있다면 그것은 자원배분 상의 효율성을 증진시킨다. 외환보유고를 충분히 갖는다는 것은 외환위기와 같은 대외적 변수의 발생에 대비한 일종의 보험과 같은 것이다.[*8] 많은 국가들이 필요 이상으로 많은 보험료를 치르고 있는 상태라고 할 수 있다. 이처럼 한 국가가 보유한 자산의 가치가 미국의 통화가치에 의해서 결정된다는 사실은 현 국제통화제도의 매우 비대칭적 권력관계가 가질 수밖에 없는 속성이다. 이런 구조가 중국이 미국에 의존한 상태로 경제구조나 기술수준이 낮은 단계의 발전수준을 벗어나는데 추가적 제약조건으로 작용할 수밖에 없다는 사실 그 자체가 불안정성을 가중시키는 요소였다. 중국은 달러 가치의 유지에 이익을 갖게 됐고, 지속적으로 수출달러를 환류시킬

[*8] 물론 중국의 경제력 규모를 기준으로 할 때, 현재의 외환보유고가 과연 과도한 것인가에 대한 평가는 달라질 수 있다.

수밖에 없었다. 반면, 미국은 달러의 안정성에 관한 어떠한 공약도 하지 않는 '과도한 특권(exorbitant privilege)'을 누렸다(Duménil and Lévy, 2004a; Eichengreen, 2011).[*9]

그러나 미-중 글로벌 불균형의 규모, 그리고 금융버블로 인한 불안정성을 고려했을 때 달러에 대한 신뢰와 금융시장의 안정적 팽창이 조건 없이 지속될 것이라고 기대하기는 어려웠다. 적자의 누적으로 인해서 달러가 유출되면 이를 환류시키기 위해서 미국 금융시장이 지속적으로 확대돼야 하지만, 2000년대 초·중반의 부동산 버블과 금융혁신은 신경제 시기의 버블보다 훨씬 더 심각한 위기를 야기할 위험을 내포하고 있었기 때문이다(Duménil and Lévy, 2011: 101-112, 173-184; Roubini and Mihm, 2010). 2000년대의 금융세계화가 갖는 이런 한계는 2007-08년 금융위기를 계기로 폭발했다. 위기가 발생하자 미국은 당면한 위기의 수습과 더불어 금융위기의 원인이자 통화·금융 권력에 대한 잠재적 위협요인인 글로벌 불균형의 조정, 이를 위한 지정학적 조건의 창출을 중요한 전략적 과제로 설정했다. 과도한 대외부채가 누적된 상황에서 잉여달러 환류 메커니즘이 교란돼 달러에 대한 통제력을 상실할 경우 미국의 통화·금융 권력이 도전받을 위험도 있었다(de Cecco, 2009; Kirshner, 2009; Calleo, 2009).

2010년 『국가안보전략』(National Security Strategy)은 경제적 균형의 회복을 미국 대외전략의 최우선 과제로 설정했고, 이

[*9] 드골 대통령 재임 당시 프랑스의 재무장관이었던 데스탱(V. G. D'Estaing)은 달러가 기축통화 역할을 하기 때문에 미국이 큰 부담 없이 국제수지 적자를 누적할 수 있는 상황을 '과도한 특권'이라고 비판했다. 중국인민은행 총재 저우샤오촨(周小川) 역시 동일한 맥락에서 미국이 갖는 이러한 특권으로 인해서 세계 경제의 불안정성이 심화되고 있다고 비판한 바 있다.

를 국가안보라는 차원에서 정당화했다. 2012년 국방수권법(National Defense Authorization Act)에는 중국이 보유한 미국 국채가 야기하는 위협에 대한 평가를 의무화하는 조항이 추가됐다. 동시에 글로벌 불균형의 해소가 세계화의 지속을 전제로 한다는 점이 강조됐다. 통화·금융 권력을 기반으로 한 자본수입에 의존하는 미국 경제의 특성으로 인해 탈세계화는 선택 가능한 대안이 될 수 없었다. 미국이 선택한 글로벌 불균형 조정 방법은 흑자국들에게 조정의 책임과 비용을 전가하는 것이었다. 미국은 글로벌 불균형과 금융위기의 원인이 흑자국들의 인위적인 평가절하와 그에 기반한 경상수지 흑자에 있으며, 여기에서 가장 큰 책임이 중국에 있다는 '세계적 저축과잉론'과 '중국책임론'을 내세웠다.

그러나 전 세계의 달러 유동성에 대한 통제권을 상실하지 않은 상황에서 달러 과잉의 책임을 다른 국가에게 전가하려는 이런 주장은 논란을 야기했다. 대규모 잉여달러 환류는 미국의 전략적 선택에 따른 결과였기 때문이다. 이런 관점에서 보면, 글로벌 불균형 확대의 책임은 흑자국들의 중상주의와 저축과잉이 아니라 미국의 통화과잉과 소비과잉에 있었다(Roubini and Mihm, 2010: 238-265; Vermeire, 2014: 52-85). 미국의 이런 전략은 흑자국들을 강하게 압박했던 1980년대의 역사적 선례와 유사했다. 미국은 일본과 서독에 통화 평가절상을 요구했던 것처럼 중국을 비롯한 동아시아의 흑자국들에게 평가절상을 요구했다. 의회는 무역 상대국이 환율을 조작할 경우 상계관세를 부과할 수 있도록 했고, 재무부는 1988년 '종합무역법'과 2015년 '무역촉진법'을 근거로 2016년부터 환율조작국을 발표하기 시작했다. 미국이 환율조작국과 관찰 대상국 지정을 통해서 압박하고자 했던 가장 중요한 대상은 물론 중국이었다.[*10]

미국이 아시아-태평양 지역 경제질서를 재편하기 위해 야심차게 추진했던 범태평양 파트너십(TPP)에도 이와 관련된 조항이 대거 포함됐다. TPP에 포함된 투자 및 환율 관련 조항은 WTO의 기준을 초과하는 소위 'WTO+'의 높은 기준을 지향했다. 서비스 시장 개방, 지적재산권 보호, 환율의 투명성 제고, 금융개방과 투자자유화, 국영기업 독점 철폐 등의 조항은 글로벌 불균형의 조정, 그리고 미국의 통화·금융 권력 유지라는 미국의 당면 목표와 밀접한 연관을 가졌으며, 궁극적으로는 외국 자본의 활동에 대한 제약을 철폐하고 세계화를 더 확대한다는 목적을 지향했다.

미국과 중국의 상호의존적 결합은 1980년대 미-일 관계와 유사했지만 중요한 차이점도 가지고 있었다. 우선, 미국의 부채 규모와 자본수입액이 훨씬 더 커졌고, 따라서 미-중 사이의 경제적 불균형도 1980년대 미일 불균형보다 더 심각했다. 또 1980년대 미국은 무역, 통화·금융, 첨단기술에서 단독으로 일본을 견제할 수 있었지만, 중국에 대해서는 이런 전략이 불가능한 상황이다. 이런 차이는 중국의 막대한 외환보유고에서 단적으로 드러났다. 중국의 흑자와 미국의 적자, 즉 글로벌 불균형의 확대는 2000년대 초반 세계화의 새로운 단계가 전개되기 위한 필요조건이었지만, 그만큼 중국의 레버리지가 커졌음을 의미했다.

중국의 대응이 1980-90년대의 파트너들과 다르다는 점도 중요한 차이다. 과거 일본은 군사·안보적으로 미국에 종속돼 자율성

---

*10 환율조작국으로 지정된 국가에 대해서는 해당 국가에 대한 미국 기업 투자 제한, 해당국 기업의 미국 조달시장 참여 배제, 해당 국가와 무역협정 체결 시 환율정책 평가 등의 제재가 부과됐다.

을 결여하고 있었고, 이 때문에 미국의 요구를 대부분 수용하는 순응적인 태도를 취했다. 중국 또한 미국 주도 국제 정치경제 질서에 순응하는 전략을 통해서 발전을 도모했다. 그러나 중국은 미국의 동맹이 아니며, 독자적인 지정학적 야심을 가지고 강력한 외교·안보적 독립성을 추구했다. 또 급속한 군비 증가를 통해서 군사력 또한 빠른 속도로 강화했다. 이는 양국의 상호의존성에서 적대나 균열이 발생할 경우 갈등이 증폭되고, 국제질서의 불안정이 심화될 가능성도 있음을 시사했다.

2000년대에 미국은 미-중 상호의존성의 틀을 활용해서 세계화를 더 확대하는 동시에, 구조적 권력을 활용해서 세계화가 야기하는 위험을 관리하고, 그 비용을 다른 국가들에게 전가했다. 그러나 세계화가 확대되는 과정에서 수반된 불안정성이 결국 미국 자신도 위협하는 상황에 이르렀다. 이에 따라 중국 또한 미국 중심의 국제 정치·경제 질서에서 발전을 도모하던 기존 전략을 수정해 독자적인 세력권을 구축하고 독립성을 확대하려는 시도를 본격적으로 전개하기 시작했다. 위안화 국제화나 지역 통화·금융 협력의 강화, 일대일로 전략이 대표적 사례다. 미국도 세계전략의 중심축을 아시아-태평양 지역으로 이동하는 등 중국의 부상에 강력히 대응하면서 긴장과 갈등이 고조된 것이다.

제4장

세계를 흔드는 미국의 경제안보책략

제4장 세계를 흔드는 미국의 경제안보책략

미국의 경제책략의 선택[*1]

미국과 중국의 상호의존성이 갖는 양면성은 이제 균형을 상실하고 있다. 미국이 경제안보라는 새로운 차원의 전략적 구상에 가장 높은 정책적 우선순위를 두고 있기 때문이다. 미-중 갈등을 통하여 드러난 미국의 경제안보 전략은 복원력(Resilience), 보호주의(Protectionism), 지경학(Geoeconomics)으로 정리할 수 있다([그림 4-1] 참조).

이 세 가지 축은 서로 중첩 또는 연관된 것이지만 독립적이고 상충되기도 한다. 미국경제의 복원력 확보를 위해서도 오랜 기간 세계화를 통하여 구축된 글로벌가치사슬의 안정성은 기본적으로 필요하다. 그러면서도 미-중 갈등에서 나타나듯이 미국은 적극적

[*1] 국제질서와 세계경제가 조응하는 과정은 미국의 힘과 전략이 핵심이다. 제3장의 논의가 미국의 전략과 이에 따른 국제질서의 변화에 초점을 맞출 수밖에 없었던 까닭이다. 따라서 본 장에서는 세계화의 관점을 중심으로 미국의 전략적 특성을 살펴봄으로써 가능한 논의의 중복을 최소화하기로 한다. 특히 미국의 주도에 의하여 오랜 기간 진행된 세계화에 대한 태도, 국내 정치·경제적 목표에 따른 경제책략의 선택과 이것이 미칠 영향을 중심으로 논의하기로 한다.

으로 보호주의적 수단을 활용한다. 보호적 무역정책이 세계화의 추세를 역행한다는 점에서 미국경제의 복원력 확보에 갖는 함의는 복잡하다. 특히 이념적 지형과 외교안보적 목표하에서 수행되고 있는 미국의 지정학적, 지경학적 전략 역시 GVC의 안정성에 부정적인 영향을 미칠 수밖에 없음은 앞에서도 계속 지적한 바와 같다. 미국이 추구하는 전략들이 이와 같이 상충하는 모습을 보이는 것은 세부적으로 지향하는 목표가 다양하기 때문이다. 그럼에도 미국이 결국은 첨단기술과 산업분야에 대한 우위를 확보하는 데 가장 높은 우선순위를 부여하고 있음은 분명하다. 그리고 이를 기반으로 미국 중심의 자유주의적 국제질서를 다시 강화하려 하는 것이 현재 전략의 기본틀이다.

복원력은 핵심 분야에서 기술적 우위를 확보하는 동시에 충분한 생산과 공급능력을 갖추는 것이다. 이를 위하여 미국 정부는 매우 적극적인 산업정책의 형태로 시장개입을 추진 중이다. 미국경제가 과도하게 탈제조업화하였고 그 약점이 미-중 경쟁과 COVID-19 팬데믹에 의해 여실히 드러났다고 판단한다. 그러나 현재의 산업정책은 미국의 약점을 보완하는 데 그치지 않는다. 첨단·전략산업에서의 우위를 확보하기 위하여 보조금과 수출입 통제 등 극단적 '비자유주의적' 정책수단을 망라하고 있다. 이런 점에서 미국경제의 복원력 확보는 단순한 복원이 아니라 신산업 분야에서의 미국의 지위를 복원시킨다는 포괄적 의미를 갖는다.

18세기 1차 산업혁명에 의한 기계화와 대량생산, 19세기 2차 산업혁명의 철도 자동차 전기화 그리고 20세기 3차 산업혁명의 정보화 등 시대를 자본주의적 질서하에서 발생한 주요한 산업적 기술적 대전환 또는 '파괴적 기술혁신(destructive innovation)'은 뒤이은 역사를 규정하였다. 미국은 현재 세계경제가 또 하나의 혁신 사이클과 산업전환기의 도전을 직면하고 있는 것으로 인식하는 듯하다. 당장 미국이 중요시하는 분야는 반도체와 인공지능, 전기차와 배터리, 의약품과 바이오 산업 전반 등을 전략분야로 간주하고 있다. 팬데믹으로부터 경제회복과 기술 및 산업 경쟁 과정에서 필수적으로 간주되는 산업들이다. 미국은 국내의 생산제조 역량을 안정적으로 유지하기 위하여 핵심 분야의 외부 의존도를 줄이고 국산화 및 수입대체를 적극적으로 추진하고 있다. 또한 안정적인 공급선의 확보를 위하여 미국에 안보를 의지하는 동맹국과 유사 입장국으로 수입선을 다변화하는 데에서 나아가 별도의 공급망 체계를 구축하고자 한다.

[그림 4-1] 경제안보의 목표: 복원력, 보호주의, 지경학

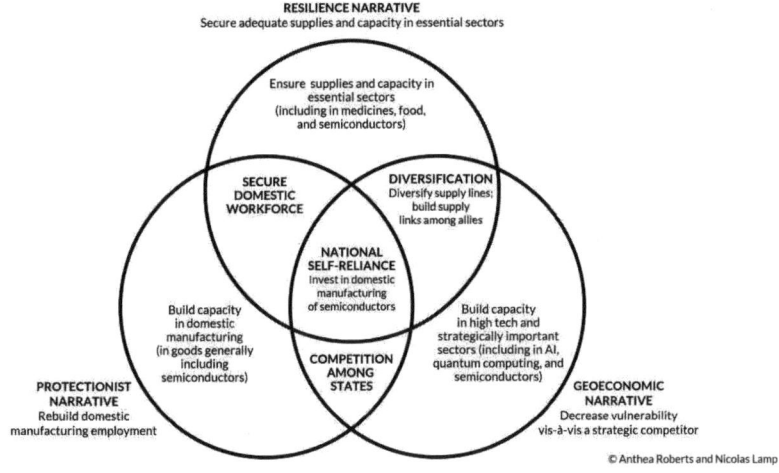

출처: Anthea Roberts and Nicholas Lamp, Six Faces of Globalization: Who Wins, Who Loses, and Why It Matters (Cambridge: Harvard University Press, 2021), p.272.

이러한 과정에서 보호주의와 지경학 역시 효과적인 정책수단으로 간주된다. 앞에서 3장에서 논의한 바와 같이 트럼프 행정부

는 대체로 단편적인 보호정책 수단에 의존하였다. 바이든 행정부 역시 특히 중국에 대한 보호주의적 조치를 철회하지 않고 있다. 전기자동차 배터리 반도체 등의 산업에 대하여 고전적이고 공격적인 산업정책을 추진하는 것도 보호주의의 다른 모습에 지나지 않는다. 지경학은 바이든 행정부에서 매우 중요한 이행수단으로 여겨지는 듯하다. 트럼프 행정부의 대중 압박 수단은 거의 일방주의(unilateralism)에 의존하였다고 할 수 있다. 그러나 인도-태평양 경제협력 프레임워크(IPEF)의 사례에서 알 수 있듯이 바이든 행정부는 주로 동맹국가나 이념적으로 동질적 지향을 갖고 있는 국가를 중심으로 준다자적 접근을 취하는 특징을 보이고 있다.[*2]

경제안보 전략의 추진을 위해 미국이 선택할 수 있는 경제책략(economic statecraft)(Chivvis and Kapstein, 2022)으로는 미국 우선주의, 동맹경제 강화 그리고 새로운 세계화의 추진(세계화 2.0)으로 구분된다. 〈표 4-1〉은 위 연구가 정리하고 있는 이러한 책략에 대한 찬반 논거들이다. 트럼프 행정부의 보호주의는 미국의 국가안보에 중요한 정치적으로 민감한 산업에 대한 최고의 보호를 제공하며 미국 자본과 무역에 대한 중국의 접근을 배제하고 중국의 부상을 잠재적으로 늦추겠다는 목적하에 이행되었다. 이러한 트럼프 행정부의 미국 우선주의는 직설적인 외양을 띄었고 다자간 통상질서를 위협한다는 비판을 피하기 어려웠다.

자유주의를 기반으로 한 국제질서를 강화하고자 하는 바이든 행정부의 동맹경제는 역설적으로 트럼프 행정부의 '수정주의적 또는 비자유주의적' 기조를 더욱 강화하는 방향으로 진행시키는 것

[*2] 물론 IPEF의 참가국들 중에는 이와 같이 일방적으로 성격을 규정하기에 애매한 점이 있는 국가가 있는 것도 완전히 부인하기는 힘들다.

이다. 동맹경제는 한마디로 자유주의 진영의 국가들을 동원하여 준다자적 차원에서 '비자유주의적' 성격으로 규정될 수밖에 없는 미국의 전략에 동참시키고 있다. 두 행정부 모두 중국의 추격을 둔화시키려는 동일한 목적을 갖고 있다는 점에서 미국의 대중 봉쇄전략은 초당적이다. 그리고 이러한 전략은 적어도 단기적으로는 미국이 주도해온 자유주의적 질서에 배치되는 것이다.

여기서 관심을 가져야 할 점은 바로 미국은 세 번째 선택지인 세계화의 확대가 효능성이 없다고 판단하고 있다는 징후가 뚜렷하다는 사실이다. 물론 미국이 자유주의적 경제질서의 확대를 근본적으로 부정한다는 의미는 아니다. 그것은 WTO와 지역 간 무역협정 등 시장접근과 규범 기반 경제협력체제의 확대라는 전통적 접근방식의 효용성에 대한 미국의 회의를 갖게 된 것으로 이해해야 한다. 제1장에서 논의한 바와 같이 WTO와 지역 간 무역협정을 통하여 상품과 서비스 시장은 국제협력을 통하여 확대할 수 있는 한계에 거의 도달하였기 때문이다. 반면에 반도체, 전기자동차, 인공지능, 데이터 그리고 지식재산권 등 미국이 관심을 갖고 있는 첨단·전략 산업 및 기술분야에 있어서 다자간 협력의 공간은 아직 확보되지 않았다.

새로운 산업이 출현하는 과정에서 국가들은 산업기술적 역량과 경쟁우위의 확보에 우선순위를 두는 것은 자연스럽다. 현재 우리가 목격하고 있는 산업정책적 경쟁의 장면이 증명한다. 자유주의적 질서하에서 산업정책을 통한 경쟁은 일종의 금기였고 중국에 대한 비판의 핵심사항이었다. 산업정책에 대한 비판의 근거는 기업의 공정한 경쟁을 저해한다는 것이다. 그러나 역사적 변화를 가져올 수 있는 산업의 전환기에는 기업의 공정한 경쟁 여부가 아니라 국가들 간의 분업구조 재편에 있어서 압도적 위치를 차지하기 위한 '국가 간 경쟁'이 주를 이룬다.

불행히도 현 국제체제의 무정부주의적 속성은 이를 규범적으로 통제할 장치가 없다. 따라서 새로운 국제협력이 가능하려면 이러한 산업들이 성숙단계에 이르고 국가들이 협력을 통하여 시장을 안정시켜야 한다는 시장으로부터의 수요가 충분히 형성되어야 한다. 따라서 적어도 단기적으로 볼 때, 이러한 미국의 접근방식은 현재 혼돈상태에 빠져들고 있는 세계 경제질서의 재구축에 부정적으로 작용할 것이 분명하다. 미국이 규범에 기초한 다자적 질서로 회귀하는 것은 첨단·안보 산업의 우위 확보라는 최우선 정책목표를 상당폭 달성한 이후일 것이다.

미국 내 정치환경 역시 세계화를 위한 다자적 협력체제를 추진에 부정적으로 작용하고 있다. 미국 내에서 세계화를 적극적으로 지지하는 그룹은 다국적 기업과 초국적 엘리트에 국한되고 있으며 노동자를 포함한 일반 대중의 세계화에 대한 지지는 매우 낮다. 세계화와 개방적 시장환경이 중기적으로 미국의 성장에 가장 유리하며 미국의 국제적 영향이 이에 기반하고 있다는 학자들의 지적이 근래 들어 가장 반향이 낮은 상황이다. 미 행정부와 의회는 안정적인 통상체제의 구축에 필요한 여하한 제도적 뒷받침을 마련할 의도가 없어 보인다. 실제로 미국이 일방주의적 접근과 함께 첨단산업에 대한 동맹국 간 협의체라는 대안을 유효한 방식으로 간주하고 있으며 인도-태평양 경제프레임워크(IPEF)가 그 대표적 사례이다. WTO 방식과 같이 전통적인 시장접근과 투자기회의 확대를 내용으로 하는 세계화 모형의 효능성은 기존에 확보된 시장의 관리에 국한된 것으로 보인다. 적어도 미국이 주도한 다자간 통상체제가 미국이 원하지 않는 방향으로 진화했다는 판단을 내린 것으로 보인다.

〈표 4-1〉 미국의 경제책략

	미국 우선	동맹 경제	세계화 2.0
찬성	미국의 국가안보에 중요한 정치적으로 민감한 산업에 대한 최고의 보호를 제공 무역과 연계된 경제적 불평등을 축소할 수 있도록 지원 미국 자본과 무역에 대한 중국의 접근을 부정함으로써 중국의 부상을 잠재적으로 둔화	규모의 경제를 일부 허용 중국의 경제적 기회에 민감한 기술에 대한 접근을 제한 미국 동맹국 및 동반국과 유대를 강화 중국의 부상을 둔화	중기적으로 미국의 성장을 촉진할 수 있는 최대의 전망을 보유 해외에서 미국의 영향력을 강화 가능 강대국 전쟁의 유인을 축소 가능
반대	미국의 경제적 부흥을 강화할 가능성이 거의 없음 미국 동맹국과 관계를 교란 미국기업이 글로벌 시장 우위를 유지할 능력을 약화 미국의 글로벌 경제 영향력을 크게 삭감	중국과 경제 교류를 축소하여, 국가안보정책을 포함한 기타 분야에서 절제할 유인을 감소	중국의 경제성장과 중국이 미국과 그 동맹국으로부터 기술을 획득할 수 있는 잠재력에 가장 긍정적 전망을 보유 미국의 국내정치를 긴장시킬 가능성이 높으며, 다른 분야의 외교정책을 복잡하게 만들 수 있음
기타 고려 사항	국내에서 민족주의를 강화하고 더 편협한 미국이 덜 민주주의적이 될 가능성 존재	미국 동맹국이 탈동조화를 거부할 가능성이 다분하며, 이 모델의 효과가 엇갈릴 수 있음	새로운 무역 협상에 대한 미국인들의 욕구가 제한적임 더 협조적인 경제적 조정이 필요하고 과거보다 더 많은 수단을 재교육해야 함

출처: Christopher S. Chivvis and Ethan B. Kapstein, *U.S. Strategy and Economic Statecraft: Understanding the Tradeoffs* (Washington DC: Carnegie Endowment for International Peace, 2022)

신냉전 시대를 감수할 것인가?

2차 세계대전 이후 세계안보질서는 냉전(1945~89년)과 탈냉전(1990년 이후) 시대를 경험하였다. 아직은 명확하게 단정하기에 시기상조이지만 트럼프 행정부 이후 미국과 중국이 전략적으로 경쟁하는 현재의 양극체제를 신냉전 체제로 규정하는 이도 있다(Hal Brands and John Lewis Gaddis, 2021). 자유주의적 질서에 기반한 세계화가 제동에 걸릴 정도로 자유주의 진영 대 비자유진영 간의 대결이 첨예화한 현실을 반영한다. 이런 점에서 앞에서 지적된 다양한 미국의 전략을 과거 국제 정치·경제 질서의 경험에 비추어 평가하는 것이 도움이 된다.

미국과 소련이 대립하던 냉전시기에는 세계 경제질서 역시 자유주의 진영과 공산주의 진영이 제각기 진영 내에서 분업구조를 확립하고 이를 바탕으로 진영 간에 대립하는 양극체제가 성립하였다. 미국이 선도하는 자유주의 진영은 브레튼우즈 체제를 기반으로 자본주의를 발전시켰다. 브레튼우즈 체제의 3대 축은 IMF, 세계은행(IBRD, World Bank) 그리고 GATT이다. 그중에서도 핵심은 IMF로서 이른바 달러를 기축통화로 하는 국제통화체제를 이끌었다. 2차 세계대전 이전의 보호무역주의적 충돌을 예방하고자 GATT(오늘날 WTO의 전신)가 설립되었고 자유무역을 위한 통상규범과 지속적인 다자간 협상을 제공하였다. 세계은행을 통하여 개도국 지원에 나선 것은 국제적 불균형의 해소가 시장경제의 지속가능성 확보에 중요하다는 인식에 기반하였다.

반면 소련이 이끄는 공산주의 진영은 계획경제를 통한 사회주의적 발전 전략을 도모하였다. 당연히 냉전시대의 세계 경제질서는 안보가 중요시되었고 경제-안보 연계도 강력하게 작동하였다. 따라서 미국과 소련의 대외경제정책은 경제적 효율성보다는 안보 논리에 따라 결정되는 일이 많았다. 가장 대표적인 사례가 소련의 브레튼우즈 체제 불참이다. 소련은 1944년 브레튼우즈 회의에는 참가했지만 1945년 탄생한 국제통화기금(IMF)과 국제부흥개발은행(IBRD)을 비준하지 않았다.

> "소련 대표단은 회의 최종 의정서에 서명하였으며 소련이 두 기구의 회원국이 될 것이라는 의사를 분명히 하였다. 내가 아는 한, 소련은 참여를 거부한 이유를 한 번도 제시한 적이 없다. 나는 거부 결정이 전쟁 이후 소련이 자본주의 국가들과 분리하려는 전반적인 움직임의 일부였으며 이 국제금융기구들에서 서방과 협력하는 소련 관리들이 공산주의에 대한 충성심을 타협해야 하는 공포를 반영했다고 믿고 있다(Mikesell and Mikesell, 1994). 소련의 불참으로 브레튼우즈 체제는 미국 대외경제전략의 효과적인 수단이 되었다. 이 기구들의 회원국으로 가입한 미국은 신생 독립국들에게 미국적 자본주의를 이식하기 위한 노력을 경주하였다. 이를 위해 미국은 대외원조와 일반특혜관세(GSP)와 같은 유인과 대공산권 수출 통제 위원회(COCOM)와 같은 제재를 병행하는 경제책략을 구사하였다. 1980년대 말 소련의 몰락으로 냉전이 종식되면서 미국이 유일한 초강대국으로 군림하는 단극체제가 출현하였다. 탈냉전 시대의 세계 경제질서는 1980년대 초반 등장한 미국의 레이거노믹스와 영국의 대처주의에 압도적인 영향을 받았다. 정부의 개입을 제한하고 시장 메커니즘의 장려하는 신자유주의에 따라, 브레튼우즈 체제는 무역 자유화와 자본계정 자유화로 구성된 세계화를 촉진하였다(Baldwin, 1985)."

소련의 붕괴 이후 탈냉전 시대의 도래와 함께 경제가 안보에 우선하였으며 경제-안보의 연계도 약했다. 따라서 세계 경제질서는 안보 논리보다는 경제적 효율성을 중심으로 운영되었다. 미국은 지정학적 경쟁자인 중국과 러시아를 브레튼우즈 체제에 적극적으로 편입시켰다. 2000년 들어, 이들 국가들이 WTO에 가입한 것은 이런 점에서 상징적이다. 이러한 미국의 조치는 경제적 교류가 증가하면 군사적 갈등이 완화될 것이라는 상업평화론에 근거를 두고 있다(Bearce, 2003; Bearce and Omori, 2005). 역으로 중국의 개혁개방과 소련에서 사회주의의 몰락은 세계화의 필요성과 정당성을 강화시켜 주었다. 세계화를 점진적으로 수용한 중국은 2001년 세계무역기구(WTO)에 가입한 이후 비약적인 경제성장을 이룩하였다. 소련 해체 이후 동구권 국가들은 사회주의에서 자본주의로 이행하는 과정에서 브레튼우즈 체제에 편입되었다. 1997년 동아시아 금융위기, 2008년 글로벌 금융위기, 2010년 유럽재정위기 등이 발생하였지만, 미국이 G20을 통해 위기를 잘 관리함으로써 세계화의 기조는 흔들리지 않았다.

이런 점에서 2017년 미국 우선주의를 주창한 트럼프 대통령의 등장이 자유주의적 국제질서(liberal internationalism)에 대한 심각한 도전으로 해석되는 것은 자연스러웠다. 이른바 '신냉전'이라는 용어가 등장한 것도 이 때문이라고 할 수 있다. 일본을 제치고 세계 2위 경제대국으로 부상한 중국에 대한 경계심이 결정적인 영향을 미쳤다. 세계 경제질서가 더 이상 미국 중심의 단극체제가 아니라 미국과 중국의 양극체제로 변화했다는 인식이 확산하면서 미국이 중국의 부상을 억제해야 한다는 신냉전(또는 냉전 2.0)에 대한 논의가 활발하게 이루어진 것으로 해석할 수 있다.[3]

---

[3] Anonymous, *The Longer Telegram: Toward a New American China Strategy* (Atlantic Council, 2021)

3장에서 논의하였듯이, 트럼프 행정부는 '경제안보는 국가안보다'라고 선언하고 기술민족주의(techno-nationalism)/디지털보호주의(digital protectionism)를 대외경제정책의 기조로 제시하였다. 무역적자 축소와 불공정 무역관행 시정을 위해 트럼프 행정부는 2018년 3월 중국과 무역전쟁을 일으켰다. 중국이 미국의 보복관세에 맞대응함으로써 무역전쟁은 보호주의를 전 세계적 차원으로 확산시켰다. 바이든 행정부도 트럼프 행정부의 보호주의를 계승하고 있다. 코로나19 위기와 러시아-우크라이나 전쟁으로 반도체와 의약품의 품귀 현상이 발생하면서, 정책의 초점은 관세와 제재에서 공급망 재편으로 이동하였다.

무역전쟁 이후 미국을 중심으로 하는 자유주의 국가들이 중국과 러시아가 주도하는 권위주의 국가들과 분리하는 탈동조화(decoupling)가 미국 대외경제전략의 궁극적 목표로 간주되기도 한다. 그러나 세계화 시대에 심화된 복합적인 상호의존 때문에 중국과 러시아에 대한 의존도를 급속하게 낮추는 것이 사실상 불가능하다. 따라서 당면 목표는 전략적으로 중요한 제품—반도체, 희토류, 통신장비, 의약품 등—을 우선적으로 수입대체하는 재동조화(recoupling)—또는 부분적 탈동조화—로 설정된 것으로 보인다(Gestle, 2022).

이처럼 현재 진행되는 양상은 안보가 경제에 우선하고 경제-안보 연계가 강하다는 점에서 과거의 냉전시대와 닮았다. 그러나 경제적 상호의존 차원에서 양자는 근본적인 차이가 있음을 간과할 수 없다. 미국과 소련과는 달리 현재 미국과 중국은 글로벌가치사슬을 통하여 긴밀하게 분업관계를 이루고 있다는 점을 상기해야 한다. 따라서 미국이 당장 중국과 탈동조화하는 것은 불가능하며 경우에 따라서는 고육지책으로 재동조화를 추진할 수밖에 없는 상황을 맞을 수밖에 없다(Bateman, 2022). 아직은 신냉전의 시대로 규정하기가 시기상조라는 판단이 합리성을 갖는 이유이다.

세계화에 대한 지지가 후퇴한 미국의 정치환경

신냉전 시대로 규정하기 어렵지만 중국의 도전을 응대하는 미국의 입장은 여전히 우려해야 할 바가 크다. 그중에서도 미국이 중국과 군사적 충돌을 회피하는 절제된 대전략보다 중국과 군사적 대결을 배제하지 않는 패권적 대전략을 전혀 배제하지는 않는 것처럼 보인다는 것이다. 더 큰 문제는 이러한 입장이 정치적으로 점점 더 많은 지지를 받고 있다는 사실이다. 이러한 전략적 인식은 대중 정책 전반에 영향을 미치고 있다.

[그림 4-2] 미국의 대전략

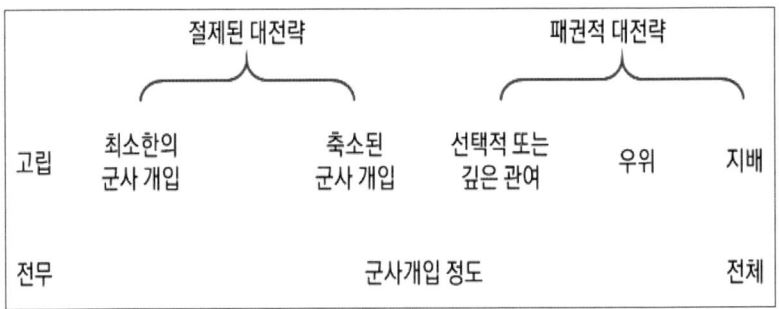

출처: Miranda Priebe, Bryan Rooney, Nathan Beauchamp-Mustafaga, Jeffrey Martini, and Stephanie Pezard, *Implementing Restraint: Changes in U.S. Regional Security Policies to Operationalize a Realist Grand Strategy of Restraint* (RAND Corporation, 2021), p.6

냉전시대 미국은 중국을 소련을 견제하는 동반자로 간주하였다. 경제적 차원에서 양국 사이의 격차가 너무 컸기 때문에 미국의 대외경제정책에서 중국의 비중은 거의 없었다. 탈냉전 시대 미국은 중국을 자본주의 시장경제로 편입시키려 했다는 점에서 관여전략을 추구하였다. 이 전략은 2001년 중국이 세계무역기구(WTO)에 가입하는 데 결정적 역할을 미쳤다. 탈냉전 시대에 접어들고 중국의 국력이 비약적으로 확대하면서 미국과 중국의 관계는 협력보다 경쟁과 대립이 더 부각되고 갈등이 지전략(geo-strategy), 인권, 가치규범 등에서 경제, 과학기술로 확대되었다.

<표 4-2> 미국의 대중 정책 변천

분야	1972-1989년	1989-2001년	2001-2017년	2017-2020년
I.지전략	소련에 역균형 침공 예방(예: 대만) 비확산 지지	침공 예방(예: 대만) 비확산지지 불량국가 대응에 협조	침공 예방(예: 대만) 비확산지지 불량국가 및 테러리즘 대응에 협조	침공 예방(예: 대만) 비확산지지 불량국가 대응에 협조 해양규범 강제
II.경제		시장지향 경제개혁 및 세계경제 편입 촉진	시장지향 경제개혁 및 세계경제 편입 촉진 균형 있는 성장 모델 촉진 시장 접근 증대 글로벌 경제 및 금융안정성 유지	균형 있는 성장 모델 촉진 시장 접근 및 호혜성 증대
III.인권 및 시민사회	혁명 정권에 대한 지원 제한	중국에서 개방, 인권 및 민주적 선택에 대한 국내적 지지 건설 시민사회 지지	중국에서 개방, 인권 및 민주적 선택에 대한 국내적 지지 건설 시민사회 지지	중국에서 개방, 인권 및 민주적 선택에 대한 국내적 지지 건설 인권 침해에 대한 반발
IV.글로벌 규칙과 규범		글로벌 무역규범 준수 장려	글로벌 무역규범 준수 장려 글로벌 거버넌스 개선에 협력	글로벌 무역규범 준수 장려
V.글로벌 공공재			기후변화 대응 글로벌 공공보건 개선 저소득국가 개발	저소득국가 개발
VI.기술 및 혁신	연구개발 협조 장려	연구개발 협조 장려 미국 제품 시장 개발 및 공급망에 편입 지적재산권 보호	연구개발 협조 장려 미국 제품 시장 개발 및 공급망에 편입 지적재산권 보호 법치 및 규제 투명성 확대	지적재산권 보호 법치 및 규제 투명성 확대

출처: Stephanie Segal and Dylan Gerstel, *Degrees of Separation: A Targeted Approach to U.S.-China Decoupling & Interim Report* (Center for Strategic and International Studies, 2021), p.3.

이와 같은 미국의 중국에 대한 초당적 전략은 미국 내의 세계화에 대한 지지가 약화되고 반대가 훨씬 더 우세한 정치적 환경에 놓였기 때문이다. 세계화를 윈-윈 게임으로 보는 전통적인 자유주의적 담론을 적극적으로 지지하는 기득권 세력은 과거와 같이 강고하지 못하다. 무역과 자본이동의 자유화를 의미하는 세계화는 냉전 시대부터 미국의 대외경제정책의 기조였다. 물론 냉전 시대 세계화는 미국의 세력권 내에 있는 자본주의 진영에 국한되었다. 탈냉전 시대 미국은 세계화의 범위를 사회주의 진영으로 확대했던 것은 물론 그 수준도 강화하였다. 신냉전 시대 세계화에 대한 미국의 지지는 급속히 약화되었다. 가장 중요한 원인은 중국의 경제적 부상이다. 즉 세계화가 미국보다 중국에 훨씬 더 유리했다는 것이다. 제조업 공동화/탈산업화로 인한 실업과 불평등 심화도 세계화에 대한 부정적 인식을 확산시키는 데 기여하였다.

현재 논의되고 있는 세계화에 대한 담론은 기득권, 좌파 포퓰리즘, 우파 포퓰리즘, 기업권력, 지정학, 글로벌 위협으로 구분될 수 있다. 정치적 차원에서 가장 중요한 요소는 세계화의 손익 계산이다. 이익이 된다고 생각하면 세계화를 지지하지만, 그렇지 않을 경우에는 반대할 것이다. 따라서 세계화의 향방은 지지를 강화하고 반대를 약화할 수 있는가에 달려 있다고 할 수 있다.

미국 사회 내에서 기득권 그룹은 세계화를 참여자가 모두 혜택을 보는 윈-윈 게임으로 보고 있다. 즉 세계화의 승자는 전체 인류이다. 물론 이익이 균등하게 분배되지는 않으며 때로는 손해를 보는 집단이 나올 수 있다. 승자가 절대적/상대적 피해를 보상한다면, 세계화는 정치적으로 지속가능한 대안이 된다. 좌파 포퓰리즘, 우파 포퓰리즘, 기업권력, 지정학은 세계화를 이익을 보는 집단과 손해를 보는 집단이 공존하는 제로섬 게임으로 간주한다. 즉, 한 편의 손해는 다른 편의 이익이 되는 것이다. 좌파 포퓰리즘은 승자를 부자, 중산층, 대졸자, 패자를 빈민, 노동자, 중산층, 고졸 이하로 보고 있다. 부와 자산의 분배를 기준으로 보면, 상위 1% 또는 상위 20%에게 이익이 집중되고 나머지 99% 또는 80%가 손해를 입는다고 본다.

한편 우파 포퓰리즘은 승자를 개도국(중국, 멕시코) 노동자, 국제기구(EU) 관료, 패자를 선진국 노동자, 가족, 공동체로 구분한다. 즉 세계화의 과실이 선진국 노동계급 공동체로부터 개도국 노동/중산계급으로 수평적 이전으로 이전된다는 것이다. 이런 해석의 근저에는 국내 및 국제 엘리트에 대한 수직적(상향) 적대감이 내재되어 있다. 기업권력은 초국적 기업만을 승자로 평가한다. 패자에는 노동자, 공동체, 국가, 유치국, 초국적 노동계급 등이 포함된다. 따라서 부의 분배는 노동자, 공동체, 국가로부터 다국적 기업으로 수직적(상향) 이전된다.

지정학은 국가 차원에서 중국을 승자, 미국을 패자로 평가한다. 그 결과 세계화의 이익은 미국(및 주요 선진국)에서 중국으로 수평적으로 이전된다. 마지막으로 글로벌 위협은 세계화를 참여자 모두가 손해를 입는 루즈-루즈 게임이라고 비판한다. 세계화로 인해 세계 인류 전체는 물론 자연환경도 절대적인 피해를 입는다는 것이다. 그 피해는 균등하지 않은데, 빈곤층과 빈곤국이 부유층과 선진국보다 더 먼저 보다 큰 손실을 입을 가능성이 높다.

대체로 종합해 보자면 현재 미국 사회는 세계화에 대한 지지보다는 반대가 훨씬 더 우세하다. 세계화를 윈-윈 게임으로 보는 담론은 미국 내의 기득권 그룹이 유일하다. 좌파 포퓰리즘, 우파 포퓰리즘, 기업권력, 지정학은 제로섬 게임으로 간주하기 때문에 세계화에 대해 유보적 태도를 가지고 있다. 기후변화를 강조하는 글로벌 위협은 세계화를 적극적으로 반대한다. 미국이 글로벌 공급망에서 중국을 배제하기 위한 정책은 세계 경제질서에 중요한 함의를 가지고 있다. 만약 이 정책이 성공한다면, 미국은 세계 경제질서의 주도권을 그대로 유지할 수도 있다. 실패하더라도 동맹국을 규합한다면, 미국은 민주주의 진영 내의 패권국으로 군림할 수 있다. 만약 동맹국이 협조하지 않는다면 미국은 중국에 대해 지도력을 상실할 것이다.

표 3 〈참고〉 세계화에 대한 담론

분석 수준	분석 단위	이익	분배 흐름	승자 대 패자	개념, 언어, 비유	주창자
기득권 글로벌	국가	절대적 (win-win)	모두가 절대적 이익을 얻는 승자이기 때문에 분배에 적은 관심	승자 = 전체 인류 (승자가 피해자 보상기능)	모든 배를 부상시키는 파도, 늘어나는 파이, 하키 스틱, 경제성장, GDP 증가, 효율성, 비교우위, 규모의 경제, 기술진보, 혁신	세계은행, WTO, IMF, EU, 토머스 프리드먼, 리차드 볼드윈, 킴벌리 클로징, 안젤라 메트켈
좌파 포퓰리즘 국가적	계급	상대적 (win-lose)	하층 및 중산층으로부터 부유층 또는 전문직 계급으로 수직적 (상향) 이전	승자 = 부자, 중산층, 대졸자 패자 = 빈민, 노동자, 중산층, 고졸이하 (1:99 / 20:80 구분)	조작된 경제, 약탈, 흡혈, 불평등, 불공정, 부정의, 계급 착취, 모래시계, 중산층 공동화, 이중경제, 재분배, 선분배, 억만장자, 억만장자 계급	엘리자베스 워렌, 버니 샌더스, 알렉산드라 오카시오-코르테즈, 제러미 코빈, 시리자(그리스), 포데모스(스페인), 파이브스타(이탈리아), 디링케(독일)

	국제적	개인, 가족, 공동체	상대적 (win-lose)	승자 = 개도국 (중국, 멕시코) 노동자, 국제기구(EU), 관료 패자 = 선진국 노동자, 가족, 공동체	선진국 노동 계급 공동체로부터 개도국 노동/중산 계급으로 수평적 이전 국내 및 국제 엘리트에 대한 수직적 (상향) 적대감	보호주의, 반이민, 러스트벨트, 쇠락, 가족, 공동체, 민족, 애국, 가치, 충성, 안정, 전통, 일자리 유출 요피쇼핑 과장(giant sucking sound), 이민 유입, 폴란드 출신 배관공, 주권, 글로벌주의자 대 애국주의자, 열을 없는 국제란토, somewhere vs. anywhere people	도널드 트럼프, 피터 내버로, 스티븐 배넌(미국), UKIP, 나이절 패러지(영국), 마리 르펭(프랑스), 마테오 살비니(이탈리아), fD(독일), 마이클 린드, 오렌 카스, J.D. 밴스
우파 포퓰리즘							
기업 권력	초국적	(다국적) 기업	상대적 (win-lose)	승자 = 초국적 기업 패자 = 노동자, 공동체, 국가, 유권자, 초국적 노동계급	노동자, 공동체, 국가로부터 다국적 기업으로 수직적 (상향) 이전	지대추구, 기업권력 장악, 자산보호, 조세 회피, 기울어진 운동장, 자유분방한 다국적, 기업 검증, 중성심 결핍	대니 로드릭, AFL-CIO, Unifor, 엘모 네이더, 시애틀 사이자, TTIP 사이자, Corporate Europe Observatory, 마이클 린드, 도리 알라치, 조셉 스티 글리츠, 가브리엘 주크만, 제프리 삭스, 디나 칸, 팀 우, 리나 포루하, 엘리자베스 워렌, Thilo Bode

제4장 세계를 흔드는 미국의 경제안보정책 91

	국제적 (국가간)	강대국 (미·중)	상대적 (win-lose)	승자 = 중국 패자 = 미국 및 서방 국가	미국과 서방 국가로부터 중국으로 수평적 이전	전투, 전쟁, 일자리 파괴하기, 냉전, 탈동조화, 강대국, 경제, 안보, 절도, 사기, 경쟁, 전략적, 무기화된 상호의존	피터 내버로, 마르코 루비오, 로버트 스펄딩, 톰 코튼, 마이크 펜스, 크리스토퍼 레이 (미국); Reinhardt Buikofer, Theo Sommer (독일), 헨리 파렐, 애브럼 뉴먼, 마크 레오나드
지정학							
글로벌 위험	글로벌 (경제 제외)	인간 및 지구	절대적 (lose-lose)	패자 = 전체인류 및 지구	모두가 절대적 손해를 보며, 빈곤층과 빈곤국이 더 먼저 더 큰 손실을 입음	상호의존, 상호연계, 네트워크, 복원력, 자급자족, 정리해고, 다변화, 우주선 지구, 지속가능한 제도, 도넛, steady-state economics, 생존과 번영, 생태적 한계, 인간 웰빙 및 번영, 성장 감축	복원력은 많은 서방 국가 및 국제기구 관료, 지속가능성은 그레타 툰베리, 케이트 라워스, 나오미 클레인, 데이비드 월러스-웰스, 제이슨 히켈, 알렉산드라 오카 시오-코르테즈, 그린뉴딜 지지자, Commission for the Human Future

출처: Anthea Roberts and Nicholas Lamp, *Six Faces of Globalization: Who Wins, Who Loses, and Why It Matters* (Harvard University Press, 2021), pp.166-8.

ed
제5장

중국의 발전과 경제안보의 도전

제5장 중국의 발전과 경제안보의 도전

최근 10년 중국의 성취

중국의 비약적 발전은 국제사회의 현안이다. 한 나라의 발전이 국제질서 변화의 핵심으로 등장한 것은 당연히 중국이라는 나라의 규모 때문이다. 경제 규모가 미국과 양강 구도를 형성할 뿐만 아니라 과학기술의 발전과 군사 부문의 확장을 동반하였다. 중국은 이제 미국과 패권을 다투는 지위를 넘볼 수준으로 발전하였다. 그러나 중국의 발전이 국제사회의 불안을 초래하는 계기가 된 것은 역설적이고도 안타까운 일이다. 불안을 의도적으로 만들어 내고자 하는 나라를 상상하기는 어렵다. 다만 중국은 국력의 신장과 함께 그에 상응하는 국제사회의 지위와 영향력을 확보하려는 것은 분명하다. 시진핑 체제에서 이러한 야심이 구체화한 것은 부인할 수 없는 사실이다.

2022년 6월 당대회를 몇 개월 앞둔 시점에서 중국 공산당의 선전부는 "중국 최근 10년(中国这十年)"이란 홍보 활동을 벌였다. 시진핑 임기 중의 치적을 홍보하려는 의도일 것이다. 주로 경제 부문의 성과로 채워진 이 활동에서 재정, 세제(税制) 개혁 다음으로 과학기술·산업 영역의 성과들이 소개되고 있다. 중국 공산당이 스스로 평가하고 홍보하는 자료라는 점에서 중국이 생각하는 우선순위를 점치는 근거가 될 수 있다.

이 자료가 우선 강조하는 분야는 연구개발의 성과이다. 중국은 지난 10년간 연구개발 분야에 엄청난 규모의 자원을 투입하였다. 그 내용을 살펴보면, R&D 투입액이 2012년 1조3백억 위안에서 2021년 2조 7,900억 위안으로 3배 증가함으로써 세계 2위의 규모에 도달하였다. R&D 투입액의 GDP 대비 비중은 1.91%에서 2.44%로 증가하여 같은 기간 세계 34위에서 12위로 도약하였는데 이는 OECD 평균 수준에 해당한다. R&D 인원 역시 562만 명으로 10년 전보다 1.7배 증가하여 세계 1위가 됐으며 취업자 1만 명당 R&D 인원 역시 42.6명에서 75.3명으로 대폭 늘어났다.

이와 같은 연구개발 분야에 대한 자원의 대량 투입은 지식생산의 기반을 상당폭 강화시켰다. 예를 들어, 다인용 논문 즉, 수준이 높아서 관련 논문에서 인용하는 빈도가 높은 논문의 숫자가 42,920편으로 5.4배 증가하였는데 이는 전 세계 다인용 논문의 1/4(24.8%)에 해당하는 숫자로서 순위로는 세계 2위이다. 더 나아가 1만 명당 발명특허수도 3.2건에서 19.1건으로 증가하였고 PCT 특허 신청은 1.9만 건에서 6.95만 건으로 증가하여 세계 1위를 차지하였다. 또한 중국은 25개의 국제 영향력(effect factor) 상위 5% 학술지를 보유하게 되었는데, 그중에서 20개는 부문별 3위 이내, 3개는 세계 100대 이내의 순위를 차지하고 있다.[1]

---

[1] 이 밖에도 연간 기술계약건이 37,294건으로서 2012년 대비 5.8배 증가하였고 GDP의 3.26%를 차지한다. 국민기술소양(公民具备科学素养) 비율 역시 3.27%에서 10.56%로 증가하였다.

중국의 지난 10년간 발전에 있어서 연구개발 분야를 우선적으로 설명하는 것은 이것이 중국경제의 질적변화를 가져올 수 있는 핵심요소이기 때문이다. 실제로 중국이 성과로 내세우고 있는 분야 중 많은 부문이 산업과 기술의 최첨단에 속한다. 우선, 세계 과학기술의 최전선, 즉 과학기술 분야에 있어서 최첨단의 결과물을 만들어 내었다는 것인데, 여기에는 양자통신, 뇌과학 그리고 우주탐사 등이 포함되어 있다.[2] 둘째, 중국식 표현으로 경제전쟁터(經濟主戰場)로서 인공지능, 디지털경제, 신에너지 자동차 등 이른바 신산업분야에 있어서의 기술개발에 상당한 성과를 이룬 것으로 자평하고 있다.[3] 이 밖에 국가정책적 수요에 부합하기 위한 성과로서 에너지, 농업 및 식량안보, 생산성 증대 그리고 인프라 구축 분야를 언급하고 있으며[4] 마지막으로 인민생명건강 분야의 성과를 제시하고 있다.[5]

---

[2] 구체적으로 열거하자면 3차원 양자 홀 효과(Hall Effect)의 최초 관측, 원자급 그래핀(Graphene) 접힘의 최초 실현, 세계최초 이성(isokerism) 융합 두뇌형 퓨터칩 텐지신(天機芯) 개발 등이 있다. 우주 탐사 분야에서는 창어(嫦娥) 달탐사, 주롱(祝融) 화성탐사, 시허(羲和) 태양탐사, 오공(悟空)·묵자(墨子)·혜안(慧眼)·탄위(碳卫星) 등 과학실험위성 발사가 포함된다.

[3] 여기에 해당하는 분야는 고성능장비, 스마트로봇, 3D제조, 레이저제조 등 제조업 업그레이드. 신에너지 자동차·신형 디스플레이 산업 규모 세계 1위. 슈퍼컴퓨터·빅데이터·블록체인·스마트기술 등 최신 과학 응용 기술 발달을 포함하며, 인공지능과 디지털경제의 발전. 모바일페이, 원격의료, 온라인교육 등에서 기존 생활방식을 바꾸는 변화도 들어간다.

[4] 이는 매우 다양한 공공정책적 과제를 포함하는 것으로서 핵에너지 안전, 심해유전·셰일가스 탐사, 석탄청결이용·고온가스냉각로 기술 발전, 궈허1호(国和一号) 가압수형 원자로 2세대에서 3세대로 도약, 청결에너지소비 비중 증대 (14.5%→25.5%), 식량안보와 농촌진흥을 위해 벼·보리·옥수수 신품종 개발, 단위생산량 357톤/무(亩)에서 387톤/무로 증가, 홍콩-광둥-마카오대교, 베이징 따싱(大兴)국제공항 등 대형 토목공사 완수 등이 있다.

[5] 코로나19 관련 5개 부문 역량 구축(임상치료 및 치료제, 백신 개발, 검진기술과 제품, 바이러스 역학(疫學), 동물모형)과 성공적인 과학방역 실현, 1급 신약

이와 같은 중국정부의 설명을 결코 자화자찬으로만 여길 수는 없다. 일단 세계의 공장으로서 중국경제의 위상은 여전하거나 더욱 강해졌다. 지난 10년간 중국 제조업의 부가가치는 16.98조 위안에서 31.4조 위안으로 증가하였는데, 이는 전 세계 비중 20%에서 30%로 증가한 것이다. 또한 전통적인 제조업이라고 할 수 있는 조강(粗鋼)·시멘트·알루미늄·메탄올 산업에서도 세계의 60%를 담당하고 있으며 전 세계 중간재 교역의 20%를 담당하게 되었다. 고부가가치 첨단 소비재 부문이라고 할 수 있는 스마트폰·컴퓨터·TV·로봇 등도 비록 국내시장의 규모에 힘입은 것이기는 하지만 전 세계 생산량 1위로서 규모의 경제 효과를 누리고 있다.

미-중 갈등의 직접적 원인으로 작용하고 있는 소위 4차 산업혁명 분야에 있어서의 발전도 주목해야 한다. 중국은 경제규모에 힘입어 당연히 세계 최대·최신의 유효한(保障有力) 네트워크 인프라를 갖추고 있는데 이는 5G 기술의 현실적 구현에 있어 전 세계를 리드하는 데 결정적 기여를 하고 있다.[6] 또한 5G칩과 모바일 시스템 등 핵심기술에 있어 세계 최고 수준과 격차를 빠르게 축소하였는데, 이는 전 세계 최대의 광통신 시스템 구축, 광통신 설비·광모듈부품·광섬유케이블 등의 부문에서 세계 수준에 진입 등으로 뒷받침된다. 이를 통해 차세대 통신기술 분야를 제조·항구·광산·의료·교육·오락문화 등 광범위한 영역에 두루 구현하고 있는 것으로 평가된다.

개발 2012년 전 5개에서 현재 75개, PET/MR 등 국산첨단의료기기 운용이 해당한다.

[6] 구체적으로 중국의 5G 기지는 161.5만 개, 사용자 수 4.13억 명에 달하는데, 특히 5G 표준에 필요한 특허의 38.2% 점유를 점유하고 있는 것으로 알려진다.

경제안보의 전선에 내몰리다

중국이 미국을 비롯한 서방 선진국의 경계대상으로 등장한 요인의 하나는 산업정책이다. 고도성장 과정에서 표준적이며 성숙단계에 들어선 공산품 위주의 비교우위 활용에 의존하던 구조에서 벗어나 신산업과 신기술을 주도하고자 하는 산업정책을 본격적으로 시도하고 있다. 중국의 산업정책은 2006년 자력에 의하여 혁신해 나간다는 의미의 '자주창신(自主創新)'으로 체계화되었으며 시진핑 정부에 들어서 2015년의 〈중국제조 2025〉 그리고 2020년의 "국내 대순환에 기반한" 쌍순환전략, 2021년의 14차 5개년 계획 등으로 이어진다.

그러나 중국의 구체적인 국산화 시간표 제시는 국제적 거부감을 자초하였고 미국으로부터 제재를 받는 빌미가 되었다. 중국은 이에 대한 방어적 수단으로서 최근의 산업정책이 혁신주도성장(산업육성)에서 경제안보 추구로 그 방향을 전환한 것으로 보인다. 2020년 발표된 이른바 "국내 대순환에 기반한 쌍순환" 전략과 그것이 반영된 14차 5개년 계획(2021~2025)에 이러한 방향전환이 드러난다. 예컨대 중국이 매년 3월 양회(兩會)에서 발표하는 정부 업무보고(政府工作報告)와 2015년 발표된 "중국제조 2025" 문건 및 13차 5개년 계획(2016~2020) 및 14차 5개년 계획을 관찰하면, 최근 들어 안보(安全)와 "산업망·공급망"이란 어휘가 결합되고 있는 것을 알 수 있다(〈표 5-1〉). 반면 중국제조 2025의 핵심어였던 "제조강국"은 2020년부터 정부 업무보고에 나타나지 않는다.

〈표 5-1〉 중국 산업정책에서 주요 어휘의 사용 추이

	2015	중국제조 2025	2016	13·5	2017	2018-2019	2020	2021	14·5	2022
제조강국 制造强国	제조대국 → 제조강국	세계를 선도하는 제조강국	품질강국, 제조강국, 지재권 강국	품질강국, 제조강국, 지재권 강국	제조강국을 위한 정책 시스템 개선	제조강국	-	-	품질강국, 제조강국, 지재권 강국	품질강국
안보 安全	식량안보	국제경쟁력을 갖춘 제조업이 곧 국가의 안전을 보장하는 길이다	-	외국인투자 국가안보심사 국가경제안보	식량안보	-	식량과 에너지 안보	에너지 안보, 국가경제 안보, 식량안보	국제산업안보협력, 식량안보, 자원안보, 외국인투자 국가안보심사 국가기술안보 리스트관리 국가경제안보	식량 에너지 안보
산업망 공급망 产业链 供应链	-	산업망 구축 공급망 관리 등	산업망 구조조정, 공급망 재구성 등	디지털 산업망, 녹색 공급망 등	농업 산업망 확장 등	-	산업망 공급망 안정	산업망 공급망 안정	산업망 공급망 안정	산업망 공급망 안보

자료: 각년도 政府工作報告 및 관련 문건들을 바탕으로 저자 작성

그러나 중국이 경제안보를 강조한다고 해서 혁신주도발전을 포기한 것은 아니다. 혁신주도발전은 경제안보를 도모하기 위한 가장 중요한 수단이기 때문이다. 사실 중국이 혁신주도발전을 추진했던 이유도 경제안보를 위함이었다. 그것은 〈중국제조 2025〉는 "제조업의 국제경쟁력 강화가 곧 국가안보"라고 밝힌 데서도 잘 알 수 있다. 중국은 주요 분야의 구체적인 국산화 시간표를 대내외에 공표하고 그것을 차근차근 추진했다. 만약 이러한 중국의 시도가 성공한다면 미국을 비롯한 서구 기업들의 우위가 소실되는 것이기에, 미국은 적극적인 중국 견제 정책들을 폈다. 반도체와 같은 산업이나 화웨이와 같은 단위(entity)를 겨냥한 미국의 정책은 중국의 아픈 곳을 골라서 때리고 있다. 〈중국제조 2025〉는 자기 스스로 문제의식을 현실화시켜버리고 만 것이다.

이렇듯 산업육성과 경제안보는 관계가 밀접하지만 지향점은 다르다. 만약 혁신주도발전, 즉 산업육성이 목표라면 미래 부가가치가 큰 부문을 선정하여 육성하면 된다. 그러나 경제안보를 목표로 삼는다면 취약한 부문들을 선정하여 육성해야 한다. 즉, 장점을 극대화하느냐, 약점을 보완하느냐의 차이이다. 방어적으로 경제안보를 추구하는 것은 선제적 혁신주도 전략보다 힘들다. 더 많은 갈등 속에 더 적은 부가가치를 만드는 것이기 때문이다.

이렇게 중국이 미국을 시야에 놓고 그 압박에 대비하기 위해 경제안보를 추구한다면 "검약식 혁신(frugal innovation)"이 나타날 수 있다. 은종학(2021)에 따르면 검약식 혁신이란 최신, 최첨단 제품을 개발하는 것이 아니라 "형편이 넉넉하지 않은 나라의 실질적 수요에 맞게 때로는 기술적 스펙 및 기능을 낮추고 비워 만든 새로운 제품·서비스를 창출하는 것"이다. 본래 저소득층을 대상으로 하는 시장의 창출이라는 적극적인 의미를 갖는 검약식 혁신이 경제안보를 추구하는 중국에서는 방어적인 의미로 추진될 수 있다. 최근 고사양 반도체 생산에 필요한 최첨단 노광장비(EUV) 도입에 어려움을 겪는 중국은 저사양 노광장비(DUV)를 이용해 나름대로 성과를 냈다고 알려졌다.[*7] 그것은 첨단제품도 아니고 가성비가 좋지도 않겠지만 어떻게든 공급망의 공백을 메워야 하는 입장이라면 충분히 채택할 가치가 있는 전략이다.

연구개발을 포함한 중국의 산업정책은 지금까지 비교적 효과적으로 수립되고 또 이행된 것으로 평가된다. 검약식 혁신이 중국 산업정책의 핵심적이면서도 장기적인 방향으로 확인된다면 상당한 의미를 갖는다. 첨단분야에 있어서 우위를 확보하고자 하는 미국의 목표를 감안할 때, 미-중간의 경제적 갈등이 의외로 조기에 막을 내릴 수도 있기 때문이다. 이러한 관찰은 최필수·이현태(2021)의 연구에서도 뒷받침되고 있다. 2006년 자주창신 정책 이후 중국의 육성 산업 리스트를 정리하고 있는 이 논문이 지적하는 중국 산업정책의 시사점은 다음과 같다.

첫째, 연구와 개발의 효과적 조합을 통하여 산업정책에 활용하고 있다는 점에서 정부 주도로 발전을 추진하는 국가의 정형성을 보인다. 우선 2006년의 초기 리스트에는 연구과제와 개발과제가 섞여 있었으나 2015년 중국제조 2025와 '국가중점연구개발계획 중점 프로젝트'에는 연구과제와 개발과제가 체계적으로 분리됐다. 이처럼 한편으로는 연구와 개발을 분리하는 반면에 양자를 동

[*7] "SMIC 7nm 공정 진짜 개발했나? 적용 기술은 기존 'DUV' 장비 활용한 더블 패터닝" (theelec, 2022. 7. 28.)

시에 통합해야 하는 분야는 정부 주도로 속도감을 가지고 육성한다. 선진궤도교통(고속철)과 신에너지자동차 등이 그 예이다. 이들은 중국이 빠른 속도로 기술개발을 하여 세계 최고 수준의 경쟁력에 근접한 분야이며, 그만큼 연구개발과 제품화 사이의 주기가 짧다고도 할 수 있다.

둘째, 정부의 육성 의지에 따라 범주화가 자의적으로 이루어진다는 점에서 정부 주도의 발전전략에 뒤따르기 마련인 정부의 실패가 전혀 배제하기는 어려운 것으로 보인다. 중국제조 2025 리스트에는 전력설비와 농업기계설비가 등장하는데 이는 과거에 '첨단장비'에 속했다. 이 둘을 굳이 상위 범주화하여 10대 프로젝트로 제시한 것은 그만큼 긴박하게 중요하거나, 성과를 내기 좋은 분야이기 때문일 것이다. 이렇게 등장하는 분야는 거의 반드시 단기적이고 가시적인 성과가 있을 것이라고 전망해도 좋다. 과거 고속철이 그러했다. 반면 상위범주에 있다가 하위범주로 숨어든 항목도 있다. 대표적인 것이 2006년의 '대형여객기'인데 2010년 7대 전략적 신흥산업에는 첨단장비의 일부로, 중국제조 2025년에는 항공우주의 일부로 배치됐다. 이 분야에 대한 강조나 자신감이 떨어졌기 때문으로 해석된다. 실제로 대형항공기의 중국제조 2025 국산화율 목표치는 2020년까지 5%, 2025년까지 10%에 불과하다. 이는 제시된 목표들 중 가장 낮은 것이다.[8]

---

[8] 또한 소임을 마치고 사라진 항목과 새로운 이름으로 진화한 항목, 그리고 새로이 등장한 항목들에 주목해야 한다. 신형평판디스플레이는 2012년에 등장했었으나 BOE로 대표되는 중국 기업이 세계 정상급 매출액과 기술수준에 도달한 후 다시 등장하지 않고 있다. 한편 '고성능 CNC(컴퓨터 수치제어) 공작기계'는 '고급공작기계 및 로봇'으로 표현이 바뀌었다. 새로운 발견과 문제의식에 따라 목표가 진화한 것이다. 이밖에 2015년의 '핵안전 기술'이나 2020년의 '심지심해(深地深海) 연구'처럼 시대의 변화를 반영하는 새로운 항목이 리스트에 등장하고 있다. 특히 주목할 것은 2020년에 등장한 '반도체'이다. 과거에 집적회로라는 이름으로 등장했던 이 항목이 반도체라는 이름으로 외연을 넓힌 것은 D

셋째, 중국의 산업정책은 분명한 장기적 목표를 갖고 고도화를 추구하고 있는 것으로 평가된다. 이러한 특징은 중점 분야의 리스트가 대단히 연속적이라는 사실이 증명하고 있다. 2010년의 7대 전략적 신흥산업, 2015년의 중국제조 2025 10대 프로젝트, 2020년의 9대 전략적 신흥산업을 비교해보면 강조점이 몇 가지 바뀌긴 하지만 대체로 같은 틀을 유지하고 있음을 알 수 있다.[*9]

넷째, 드러낸 것과 숨기는 것이 있다. 2006년에는 16개 대형과제라고 제목을 붙여놓고 그 중 3개는 공개하지 않았다. 아마도 군사적 목적이나 산업기밀에 해당하는 것이기 때문일 것이다. 그 후에는 공개되지 않는 항목이 없는데, 이는 숨기지 않는 것이 아니라 숨긴다는 사실도 숨긴 것이라고 해석해야 한다. 가령 중거리 지대함 미사일 둥펑21과 둥펑26을 굳이 밝혀가며 개발할 이유는 없을 것이다. 사회통제에 사용될 안면인식 기술도 그것이 상업적인 목적으로 이용되는 것처럼 포장되어 인공지능 분야에 숨어서 육성할 것이다. 이렇게 군사적·정치적 목적이 아니더라도 많은 산업정책들이 화려한 수식어 뒤에 숨어 있다. 철강, 석유화학, 조선 등 세계적으로 과잉 육성이라고 지탄을 받는 업종들도 여전히 나름대로의 산업정책을 가지고 있다. 그것들은 중국제조 2025와 같은 화려한 무대에 등장하지는 않지만 여전히 진행 중이다. 그리

램 육성까지 염두에 둔 것으로 해석된다.

[*9] 세부 리스트들은 단계적 구체화 과정을 거쳐 확정된다. 2010년에 7대 전략적 신흥산업이 발표된 후 2012년 12·5계획의 구체화 단계에서 20대 프로젝트가 발표됐다. 2015년에 이미 중국제조 2025가 발표됐으므로 13·5계획의 별도 산업정책은 따로 등장하지 않았다. 만약 12·5계획의 패턴을 따른다면 2021년 〈건의〉에서 언급된 9대 전략적 신흥산업과 국가중대과학기술의 세부 업종과 프로젝트들이 2022년경 '14·5계획 중점 프로젝트'와 같은 이름으로 발표될 가능성이 크다.

고 중국제조 2025가 구체적인 시간표를 공개하여 서방에게 공포심을 유발시켰던 것을 교훈 삼아 앞으로 그런 시간표는 숨길 가능성이 크다.

〈표 5-2〉 전략 산업 및 과학기술의 변천

16개 대형과제	7대 전략적 신흥산업		12·5계획 20대 프로젝트	국가중점연구개발계획 중점 프로젝트	중국제조 2025		9대 전략적 신흥산업	국가 중대 과학기술
2006년	2010년		2012년	2015년	2015년		2020년	2020년
집적회로 반도체	차세대정보기술		광대역통신	양자 컨트롤 및 양자통신	차세대정보기술 집적회로 및 전용설비		차세대정보기술	인공지능
차세대 광대역 무선통신 장비			IoT/클라우드컴퓨팅	고성능 컴퓨터	차세대 정보통신 OS 및 공업용SW			양자정보
핵심 전자부품 및 고급SW			인터넷서비스넘	클라우드 컴퓨터 및 빅데이터				반도체
			고성능집적회로					
			신형평면디스플레이	첨단과학 계측설비 개발				
				현대 서비스업 공통기술 개발				
				광대역통신 및 신형 네트워크				
				네트워크 협동제조 및 스마트 공장				
				종합교통운수 및 스마트교통				
				광전자/마이크로전자부품 및 회로				

16개 대형과제	7대 전략적 신흥산업	12·5계획 20대 프로젝트	국가중점연구개발계획 중점 프로젝트	중국제조 2025	9대 전략적 신흥산업	국가 중대 과학기술
2006년	2010년	2012년	2015년	2015년	2020년	2020년
고성능 CNC 공작기계	첨단장비	스마트제조장비	지능형 로봇 3D제조 및 레이저 제조	고급공작기계/로봇	첨단장비	
		선진궤도교통	선진궤도교통	선진궤도교통		
				전력설비		
				농업기계설비		
대형여객기		항공장비		항공우주	항공우주	우주과학
지구관측 유인 우주비행 및 달착륙		우주공간 기초인프라	지구관측 및 내비게이션			
		해양설비		해양설비/첨단선박	해양설비	심지섬해(深地深海) 연구
석탄 가스화 고암 원자로 기술	신에너지	에너지절감기술 환경보호기술 자원재생이용공정 신에너지설비	석탄청정이용 및 에너지 절감 기술 재생에너지 및 수소에너지 해안선 및 선진 원자력 기술	에너지절감 및 신에너지 자동차	신에너지	

16개 대형과제	7대 전략적 신흥산업	12·5계획 20대 프로젝트	국가중점연구개발계획 중점 프로젝트	중국제조 2025	9대 전략적 신흥산업	국가 중대 과학기술
2006년	2010년	2012년	2015년	2015년	2020년	2020년
	신에너지자동차	신에너지자동차	신에너지자동차		신에너지자동차	
	신소재	차세대 신소재	나노기술	신소재	신소재	
			전략성 첨단 전자재료			
			기초재료기술 산업화			
신약개발	바이오	단백류바이오/백신	단백질 로봇 및	바이오 및	바이오	바이오
전염병대책		고성능의료기기	생명과정 조절	고급의료기기		뇌과학
유전자 변형		바이오 육종	발육 프로그램 및			품종개량
식물육종		바이오 기초 공정	신진대사 조정			
수질오염관리	환경보호		지구적 변화 및 대응		환경보호	
미공개 프로젝트 3건			거대과학 장치 및 첨단 연구			
			혁명적 기술 및 핵심 과학 문제			

자료: Chen and Naughton(2016), 國務院(2010), 國務院(2012), 科學技術部(2015), 한성백 외(2020)를 참고하여 저자 작성 (최필수·이현태(2021)에서 재인용)

108 역세계화 vs. 다른 세계화: 미-중 갈등과 세계화의 미래

중국의 발전에도 불구하고 여전한 질문들

세계화 과정에서 글로벌가치사슬이 매우 분명한 비교우위를 기초로 확산 및 강화되었는데 이는 기본적으로 기술과 부가가치의 계급체계(Hierarchy)의 안정성에 기반한다는 특징을 갖고 있다. 미-중간의 갈등은 이러한 기본질서가 위협받았기 때문으로 해석이 가능하다. 중국의 산업정책적 목표는 기술과 부가가치 계급체계의 전복을 꾀하는 측면이 분명히 존재한다. 미국이 중국을 견제하는 근본적인 이유이다. 그럼에도 이러한 중국의 시도가 기술적 층위, 또는 계급체계의 전복을 현실화할 가능성이 있을지는 여전히 많은 질문이 제기된다. 그것은 현재 중국이 전복을 꿈꾸는 목표와 정책이 강고한 현실적 제약에 부딪히고 있기 때문이다.

첫째, 중국은 선진국의 고유한 영역이었던 규칙제정(rule-setting)까지 나서려고 하고 있다. 중국은 데이터 플랫폼(인공지능, 빅데이터, 5G)이란 분야에서 세계적으로 앞서 나가고 있다는 자신감을 가지고 있다. 알리바바와 텐센트는 "열린 플랫폼"과 "우수한 품질"이라는 두 마리 토끼를 잡은 몇 안 되는 플랫폼 기업들에 속한다. 중국은 이제 자신의 표준과 노하우를 개도국에 전수한다는 디지털 실크로드를 추진하고 있으며, 물리적으로도 미국의 GPS를 대체할 베이떠우(北斗) 시스템 보급에 힘을 쏟고 있다.

이러한 성취에도 불구하고 회의적인 시선이 여전한 것은 중국이 스스로에게 제약조건을 부과하기 때문이다. 중국은 여전히 세계에서 가장 폐쇄적인 인터넷 통제 시스템을 갖고 있는 나라 중 하나이다. 중국 정부는 해외사이트를 차단하고, 국가안전법과 네트워크 안전법에 따라 데이터의 해외 유출을 엄격히 통제하고 있으며, 서버를 현지에 둘 것을 일정 부분 요구하고 있다. 최근 중국의 택시 공유 플랫폼인 디디추싱이 중국인의 개인정보에서 창출된 가치를 바탕으로 미국에 상장하려 하다가 중국 당국의 규제를 당하기도 했다. 이렇듯 구글, 유튜브, 페이스북 등이 막혀 있는 나라가 과연 자신의 시스템을 보편적으로 적용시킬 수 있을까?

[그림 5-1] 중국의 데이터 플랫폼 글로벌 표준 전략

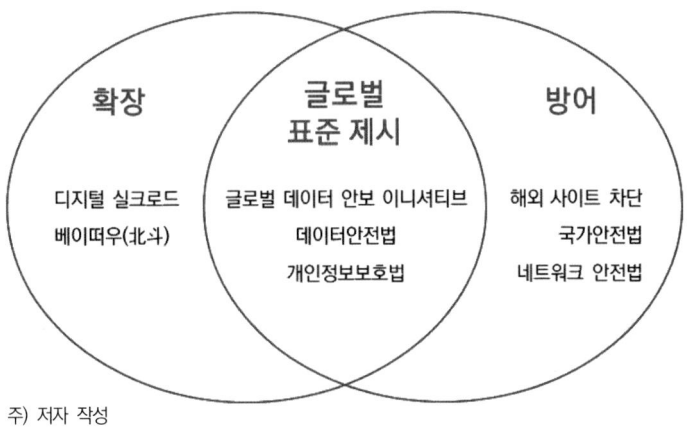

주) 저자 작성

이러한 딜레마 속에서 중국은 글로벌 표준을 제시하는 적극적인 행보를 보이고 있다. '글로벌 데이터 안보 이니셔티브'를 발표하여 아직 어느 나라도 확고한 표준을 갖고 있지 않은 글로벌 데이터 처리 문제의 원칙을 제시했다. 주로 각국의 데이터 주권을 강조한 내용이다. 또한 '데이터 안전법'과 '개인정보보호법' 등을 통해 중국 기업이 해외에서 취득한 데이터를 함부로 유용하지 않을 것이며, 중국의 데이터도 마찬가지로 보호할 것임을 천명했다. 이는 모두 일종의 글로벌 표준으로 작동하는 효과가 있다. 미국식 데이터 자유주의에 동의하기 어려운 유럽 등에서 참고할 것이기 때문이다. 물론 현재의 국제 정치·경제적 환경을 고려하면 미국

이외의 지역이 적극 참여하여 글로벌 표준으로 이행할 수 있을 것인지 의문이 드는 것은 당연하다.

둘째, 탄소중립의 산업적 기회를 포착하고 있다는 점에서 선진국 경제와 실질적인 면에서 경쟁에 나서고 있다. 탄소중립은 단순히 기후위기에 대응에 그치지 않고 산업정책의 주요 요소로 포함된 것은 이미 오래된 일이다. 그것은 바로 RE100과 같이 환경에 대한 적극적 대응이 곧 산업경쟁력으로 이어지며 최소한 대기업이 정상적인 활동에 반드시 수용해야 할 요소가 되었기 때문이다. 한마디로 생산에 있어서 환경적 요소는 일종의 필수 중간재와 다름이 없다. 중국은 2030년에 탄소정점을 찍고 2060년에 탄소중립을 달성하겠다고 선언했다. 제조업 위주의 세계의 공장 중국으로는 대단히 도전적인 목표이다. 이러한 목표설정은 자체적인 필요에서가 아니라 유럽발 글로벌 아젠다에 대응하기 위함이었다. 마치 과거 지식재산권의 보호가 그랬던 것처럼 환경문제는 매우 빠르게 산업정책의 핵심으로 자리 잡았다.

과거 중국의 기후변화 대응은 환경오염 대응과 맥을 같이 해왔다. 중국은 2000년대부터 오염물질 감축을 목표로 체계적인 지수를 개발하고 지표를 설정하여 관리해 왔던 것이다. 시진핑 집권 후에도 베이징의 미세먼지와 초미세먼지가 문제가 되자 이의 감축을 목표로 베이징의 산업설비들을 허베이와 산동으로 옮기는 다소 거친 방법까지 동원했다. 그런데 중국이 환경오염 저감에서 기후변화, 탄소중립 등의 개념으로 방향을 미세조정한 것은 유럽이 제기하는 방향에 호응한 것이다. 오염물질 감축이 내부적인 인민의 목소리였다면, 탄소중립이나 기후변화 대응은 외부 시민사회 및 지정학적 고려에 의한 대응이라고 할 수 있다. 미-중 갈등 속에서 유럽의 시민사회가 탄소중립을 주장하여 유럽 각국의 정책으로 관철시켰다. 그런데 트럼프는 파리협약을 탈퇴하는 식으로 반동적인 대응을 했다. 이런 상황에서 유럽을 포섭하기 위해 중국은 탄소중립에 협조하는 방향으로 정책을 구사하게 된 것이다. 바이든의 미국이 기후 아젠다에 복귀한 지금도 중국은 탄소·기후 아젠다에서 벗어날 수 없다.

그러나 탄소·기후 이슈가 중국 입장에서 과연 절실한 것인지, 혹은 달성가능한 것인지 의문을 제기하지 않을 수 없다. 시진핑의 오위일체(五位一體) 담론에 환경보호가 등장하지만 그것은 "인민의 아름다운 생활(美好生活)에 대한 요구"의 일환으로 삶의 질을 높이는 방법 중 하나였다. 그러나 탄소중립을 달성하기 위해서는 에너지와 생산을 줄이고, 소비를 절제하는 고통을 감내해야 한다. 탄소중립이 이미 높은 수준의 삶에 도달하여 도덕적 각성이라는 다음 차원의 목표를 추구하는 유럽의 시민사회에서 제기한 이슈임을 기억해 볼 때 과연 중국의 인민들이 불편을 감수하는 삶으로 돌아갈 수 있으며, 정권이 그것을 강요할 수 있을까? 냉난방 절제, 대중교통 이용, 해외여행 자제 등 탄소중립을 실천하기 위해 감수해야 하는 불편은 이제 막 에어컨을 설치한 쾌적한 환경에서 새로 구입한 자가용을 몰고, 해외여행에서 자아실현을 하기 시작한 중국의 인민들에겐 너무 가혹한 요구일 수 있다. 결국 탄소·기후 이슈는 절제가 아니라 신재생에너지 개발, 수소경제 진흥, 친환경 공법 개발과 같은 또 다른 산업정책의 형태로 나타나기 쉬우며, 그렇게 되고 있다. 생활차원이 아니라 생산·산업 차원의 감축(mitigation)과 적응(adaption)이 실행되고 있는 것이다.

〈Box 2〉 최근 중국의 환경 관련 산업정책 사례

- 2020년 12월 국무원, 신에너지 자동차 산업 발전계획(2021-2035년)
  - 2025년까지 NEV 판매 비중 20%(2019년 계획안 대비(25%) 하향 조정), 친환경시범지구 2021년부터 공용차 80% 구매(100% 구매 규정을 완화)
  - 2035년까지 공공차량 100%, 수소차 상업화 추진
  - 주거지 저속충전, 공공지 고속충전 인프라 구축
- 2021년 1월, 발개위, 녹색기술 프로모션 목록(2020) 발표
  - 에너지절약 63, 클린 생산 26, 클린 에너지 15, 생태환경 4, 인프라 녹색 업그레이드 8 등, 총 116개
- 2021년 7월, 〈데이터센터 발전 3년 행동계획〉 중 전력소모 합리화 추구
  - 데이터센터는 디지털 경제의 인프라 중 하나로, 에너지 소모가 많은 업종
  - 지난 10년간 중국 데이터센터의 전체 전력 사용량은 매년 10% 이상 증가
  - 2020년 전력사용량 2,000억 킬로와트시 (중국 전체 전력 사용량의 약 2.7%)
  - 친환경 에너지로 데이터센터 작동 추구
- 2021년 7월, 〈14·5 순환경제 발전계획〉
  - △ 공업 △ 사회생활 △ 농업 3대 분야
  - 2025년까지 △ 순환형 생산방식의 전면 추진 △ 녹색 디자인·청정 생산의 광범위한 보급 △ 자원 종합 이용 능력의 현저한 향상 △ 자원 순환형 산업 체계의 기반 구축
  - 2025년까지 주요 자원의 생산성을 2020년 대비 약 20% 향상시키고, 단위 GDP 당 에너지 소모량과 물 사용량을 각각 2020년 대비 13.5%, 16% 감축
  - 농작물 짚의 종합 이용률을 86% 이상 수준으로 유지하고, 대종 고체 폐기물(大宗固体废物, 대용량 고체 폐기물)·건축 폐기물 종합 이용률을 각각 60% 달성하겠다는 목표
  - △ 폐지 이용량 6,000만 톤(t) △ 고철 이용량 3억 2,000만 톤(t) △ 재생 비철금속 생산량 2,000만 톤(t) 달성

자료: 한중과학기술협력센터(https://kostec.re.kr/)의 자료들을 갈무리

셋째, 중국경제는 비약적으로 발전하였으나 여전히 경제발전 도상에 있는 국가임은 분명하다. 당연히 경제발전 과정상에서 많은 국가들이 경험한 사회경제적 문제에 직면하고 있다. 중국이 추진하고 있는 최첨단의 산업기술적 발전이 이러한 문제들의 효과적인 해결과 동반되지 않으면 진정한 선도국가로의 지위를 확보하기는 매우 힘들다. 중국 정부가 '진정한 공동부유를 통한 통합된 사회'를 만들어 내기 위한 다양한 사회정책을 추진하는 것은 이러한 보편적 인식에 기초하고 있다. 과연 중국이 자산에 대한 증세와 소득에 대한 감세라는 과제를 실현함으로써 이러한 목표를 달성할 수 있을 것인가. 그 여부는 산업기술적 발전에 못지 않은 매우 중요한 관전 포인트가 아닐 수 없다.

실제로 중국은 부동산세 도입에 있어 공전을 거듭하고 있다. 5개년 계획에는 매번 포함되지만 년 단위 계획에는 포함되지 않고 있는 것이다. 부동산을 과다 보유하고 있는 기득권층의 저항으로 소위 충칭모델[10]의 확산에 실패하고 있다는 평가를 내릴 수도 있다. 이제까지 중국경제는 보통의 자본주의 경제에서 발견되는 "혁신→자금모집→창업→스케일업→상장"이라는 혁신 사이클을 비교적 잘 창출해 왔다고 볼 수 있다. 그 배경에는 방대한 시장규모를 바탕으로 작은 혁신도 큰 수익을 창출하는 중국경제의 특징이 있다. 또한 중국인들은 높은 근로의욕과 수준 높은 직업정신을 보여 왔다. 그러나 중국이 불평등 문제를 방치한다면 이러한 민간의 창업열망과 근로의욕이 유지되지 않을 수도 있다. 또한 시진핑 정부가 3연임을 하는 과정에서 필연적으로 예상되는 집정의 교조화를 피할 수 없다면 현재도 조짐을 보이고 있는 소프트파워와 매

---

[10] 충칭에서 실험된, 우리나라의 "부동산개발이익환수제"와 상통하는 모델이다.

력의 쇠퇴 위험이 가중될 것이다.

중국은 이상과 같은 중국경제의 구조적 특성에 따른 다양한 위험에 직면하고 있으나 미-중 갈등은 혁신적 성장에 매우 중대한 추가적 도전을 제기하고 있다. 예를 들어, 중국은 반도체와 같은 관건이 되는 약점을 극복할 수 있을 것인가? 현재 미국은 노광장비 반입 제한을 통해 중국이 10nm급 이상의 사양을 제조하지 못하도록 막고 있다. 이는 세계 반도체 수급을 해치지 않으면서도 중국의 기술도약을 막으려는 장치라고 할 수 있다. 최근 중국은 제재를 우회하여 7nm급 시스템 반도체를 제작했다고 알려진다. 과연 앞으로도 이런 식으로 제약을 극복할 수 있을지, 혹은 전혀 새로운 혁신으로 산업의 판을 바꾸는 도약을 이룰지 알 수 없다. 둘 다 어렵다면 중국의 반도체 자립은 이뤄지지 않을 것이다.

미국에 의해 적성기업으로 낙인찍힌 화웨이와 같이 중국의 첨단기술 기업들의 기술독립 여부도 주목된다. 화웨이는 최근 관련 사인 Hubble Technology Investment를 통해 반도체 관련 장비 업체를 인수했다. 즉, 아직 포기하고 있지 않은 것이다. 집중력 있는 연구개발과 집요한 목표달성으로 정평이 난 화웨이는 일반적인 수준의 중국 기업을 뛰어넘는 퍼포먼스를 보여왔기에 그 움직임에 주목해야 한다. 만약 화웨이가 자체 파운드리를 설립하고 관련 칩을 생산할 수 있다면 팹리스와 파운드리가 결합된 인텔과 같은 업계의 거인이 탄생하는 셈이다. 물론 그 길이 쉽지는 않을 것이다.

중국은 기술의 갈라파고스화를 피할 수 있을까? 만약 화웨이나 다른 중국 기업들이 제재 속에서 자주창신으로만 문제를 해결하려 한다면 중국은 그 분야에서 기술의 갈라파고스가 될 수 있다. 외부의 공급망이나 가치사슬에서 배제되어 자기만의 제품과 그에 최적화된 생태계가 형성될 수 있다는 것이다. 만약 이런 분야가 많아진다면 중국은 14억의 자체 시장을 보유한 채, 외부와의 공급망 연결이 별로 없는 고립된 대륙이 될 수도 있다. 비자유주의적 국가 간에 보다 확대된 공급망의 형성이 가능은 할 것이다. 그러나 이것이 중국, 적어도 현재 중국의 지도부가 지향하는 세계적 강국의 모습은 아닐 것이다. 경제안보를 끝까지 추구하는 정책의 위험한 귀결이 아닐 수 없다.

제6장

역세계화 vs. 다른 세계화

제6장 | 역세계화 vs. 다른 세계화

역세계화(Deglobalization)는 가능한가?

역세계화가 무엇을 의미하는지 아직 분명하지 않다. 어떻게 정의하든 역세계화에 대한 우려가 증가하는 것은 세계화와 글로벌가치사슬의 확대가 효율성을 최대한 끌어 올리지만 동시에 그 자체의 취약성을 안고 있기 때문이다. 이러한 양면성은 세계화의 진행에 서로 다른 방향의 벡터로 작용한다. 세계화의 미래 전망은 두 가지 힘이 합성된 결과를 재는 일이다.

생산공정이 세밀하게 나뉘고 세계적 차원에서 생산분업을 한다는 것은 제품의 생산단계가 늘어남을 의미한다. 이를 2장에서 글로벌가치사슬이 길어진다고 표현한 바와 같다. 가치사슬이 길어질수록 각 공정단계의 특화 즉, 전문화의 정도가 높아지기 때문에 각 단계에서의 경쟁은 감소한다. 각 단계의 공정이 가장 효율적인 분업의 원칙에 따라 배치될 것이기 때문이다.[*1] 그러나 이처럼 세계화 과정에서 효율성 중심으로 형성된 글로벌가치사슬은

[*1] 리카도식으로 표현하자면 각각의 공정에 대하여 거의 완전특화(complete specialization)에 가까워지는 현상이라 말할 수 있다.

COVID-19 사태를 통하여 매우 극적으로 취약성을 보여주었다. 예를 들어, 중국의 우한지역에서 현대자동차에 공급되는 간단한 부품(harnessed wire)의 생산공정이 중단되고 부품의 조달에 차질이 생기자 현대자동차 생산 전 공정이 멈춘 적이 있다. 어처구니없는 일이지만 작은 부품이라 할지라도 우발적 요인으로 공정에 차질이 생기면 전체 공급망이 마비될 수 있음을 보여주었다.

글로벌가치사슬이 확장될수록 단기간에 특정 공정을 대체하기 어렵고 생산과 무역의 회복력을 약화시킨다. COVID-19과 같은 재난상황은 단기적이고 일회성인 충격이기 때문에 시간이 걸리더라도 회복 자체가 불가능하지는 않다. 그러나 미-중 갈등과 이로 인하여 국제질서의 구조가 변화할 경우 매우 다른 결과로 이어질 수 있다. 산업정책의 초점이 되어 있는 전략적 첨단산업을 중심으로 이러한 취약성이 더 크게 작용하여 가치사슬 그 자체를 변화시킬 수 있기 때문이다. 특히 이러한 시장 외적인 변동은 시장과 기업이 자체적으로 가치사슬의 안정성을 확보하기 더욱 어렵게 만든다. 많은 나라가 최근의 산업 및 무역정책의 초점을 공급망의 안정성과 회복 탄력성(resilience)에 두게 된 배경이기도 하다.

미국과 중국의 경제는 여전히 분명한 비교우위를 바탕으로 높은 상호의존도를 갖고 있으며 글로벌가치사슬의 안정성을 제공한다. 간단히 말하자면, 지식과 기술을 바탕으로 한 미국경제와 제조업과 공산품 공급자로서인 중국경제 간의 상호의존성이다. 중국이 세계의 공장 역할을 담당하고 이에 따라 미국이 큰 규모의 대중 무역불균형을 보이지만 이는 사실 미국경제와 소비자가 향유하는 혜택의 결과이기도 하다. 미-중 갈등으로 상호의존적 구조에 균열이 온다면 미국과 중국경제 모두에게 높은 경제적 비용을 초래할 것이다. 실제로 트럼프 행정부가 부과한 대중 관세만으로 인한 미국의 경제적 손실이 최대 500억 달러에 달한다는 보고도 있다.[*2] 산업고도화를 추진하고 있는 중국으로서도 미국 시장의 상실은 그 자체가 심각한 제약요인이 된다. 첨단 산업의 공급망 체계에서 배제될 경우, 중국의 경제를 고도화시키고자 하는 목표의 달성 자체가 어려워진다. 이와 같이 대단히 큰 사회경제적 비용 때문에 진영 간의 근본적인 결별이 불가능할 것이라는 관측이 일정한 타당성을 갖는다. 상호의존성은 상대방에 대한 무기이지만 동시에 안정장치로서 기능을 한다는 말이다.

이 때문에 역세계화와 관련하여 대체로 강과 약 두 가지의 견해가 존재한다. 강한 주장은 세계화의 후퇴가 진영 간의 결별로 이어진다는 것이다. 세계경제가 자유주의적 세계와 비자유주의적 세계 권역을 중심으로 탈동조화(Decoupling)할 것이라는 주장이다. 극단적으로 말하면 세계 경제의 산업 및 무역의 상호의존적 구조가 상당폭 해체되고 글로벌가치사슬이 미국 중심의 자유주의 진영과 중국 중심의 비자유주의적 진영으로 재편될 수 있다는 말이다. 이 주장은 각 진영별로 새로운 분업구조가 형성되어 나갈 가능성에 초점을 둔다. 약한 주장은 역세계화를 세계화의 정도, 즉 상대적으로 세계화의 수준이 낮아지는 현상이라는 다소 소극적인 해석이다. 세계화가 일정 수준 쇠퇴의 방향으로 갈 수는 있다고 본다. 그러나 세계경제가 쌓아온 상호의존관계가 근본적으로 훼손되는 경우는 불가능하며 이러한 상황이 가져올 부담을 어떤 국가도 감내할 수 없을 것이라는 판단에 근거한다.

어떠한 주장을 따르든 이를 실증적으로 판정하기에는 이른 시

[*2] American Action Forum, 2022년 5월
https://www.americanactionforum.org/research/the-total-cost-of-tariffs/

점이다. 다만 무역과 산업활동을 기준으로 그 징후를 간단히 살펴볼 수는 있다. [그림 6-1]은 무역의 대 GDP 비중(무역의존도, trade dependency 또는 무역노출율, trade exposure)의 역사적 추이를 보여준다. 2010년을 기점으로 그 증가세가 확연히 꺾였음을 알 수 있다. 20세기 후반 이후 무역의존도 지수가 지속적으로 상승하였다는 사실에 기초하여 이러한 변화를 세계화의 후퇴로 해석하는 경우는 매우 흔하다. 실제로 세계화 과정에서 세계무역의 성장률이 세계 경제의 성장률을 줄 곳 상회하였지만 2010년대 중반 이후 이 추세가 역전되는 현상이 뚜렷하게 나타났다. 적어도 세계화가 세계경제의 성장 동력 역할이 종식된 것이 아닌가라는 의문은 정당하다.

[그림 6-1] (인구가중) 무역(상품+서비스)/GDP 비중의 역사적 추이

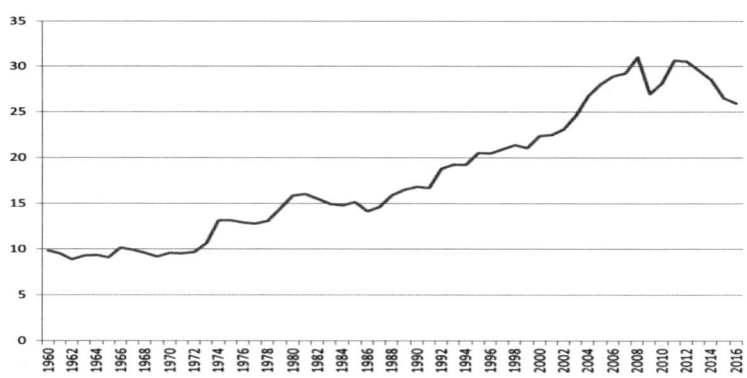

주) GDP 대비 상품 및 서비스무역의 비중(세계평균, 인구가중치 적용)
자료) Michael A. Witt(2019), De-globalization: Theories, predictions, and opportunities for international business research, *Journal of International Business Studies*.

이러한 추세적 둔화가 세계화의 종식을 의미하는 것은 아니다. 우선 무역과 투자를 기준으로 한 세계화의 절대적 수준 그 자

체는 여전히 사상 최고 근처에 있음을 [그림 6-1]이 보여준다. 이론적으로 볼 때, 무역의존도에는 '상한(upper limit)'이 어쨌든 존재할 수밖에 없다.[*3] 세계경제가 현재의 산업 및 무역구조 하에서 가능한 최대의 세계화 수준에 도달하였을 뿐일 수도 있다. 1장에서 길게 논의하였듯이, 전통적 상품과 서비스무역의 자유화를 뒷받침하는 국제협력체제(WTO와 지역무역협정)가 표류하는 모습을 보이는 배경이기도 하다. 경제 규모의 확대에 따라 이 지수가 하향하는 추세를 보이는 것은 자연스러우며 실제로 경제 규모가 클수록 낮은 특징을 보인다. 이처럼 무역의존도의 추세 변화에 대한 해석은 단순히 세계화뿐만 아니라 성장과 산업 및 경제구조의 변화 등 다양한 측면을 종합하여 이루어져야 한다.

무엇보다도 이러한 추세적 전환이 경제구조의 변화에 따라 필연적으로 나타나는 현상임에 주목해야 한다. 경제의 발전은 단순한 성장이 아니라 구조의 고도화를 수반하는 과정이다. 현대경제에서 고도화는 지식 및 서비스 비중의 확대 그리고 지식-서비스-제조의 융합이라는 방향성을 갖는다. 그런데 서비스 산업은 비교역적 성격이 강하다. 서비스 산업의 경제적 비중이 확대되어도 무역증가율은 그에 못 미칠 수밖에 없다.[*4] 따라서 무역의존도의 감소는 세계화 둔화(Slowbalization) 주장의 근거가 될 수 있다 할지라도 역세계화 주장에 동조하기를 주저하게 만드는 것이기도

[*3] 물론 그 상한이 100%는 아니다. 엄밀한 의미에서 GDP와 무역은 동시에 비교할 수 없는 근본적 차이를 갖고 있다. GDP는 순부가가치의 합인 반면에 무역은 국가 간의 거래과정에서 부가가치가 중복되어 포함되기 때문이다. 따라서 이 비율은 싱가포르 같이 중계무역 비중이 높은 국가에서는 얼마든지 100%를 상회할 수 있다.

[*4] [그림 6-1]이 상품에 국한되지 않고 서비스 무역을 포함한 추세임을 유의해야 한다. 다만 기술의 발전에 따라 서비스의 교역적 성격이 과거에 비해 개선된 것도 사실이다.

하다. 한편, 2010년대 들어 무역의 성장률이 세계경제의 성장률을 밑도는 현상이 지속됨은 앞에서 지적한 바와 같다. 무역과 투자로 대표되는 전통적 의미의 세계화가 성장의 견인차 역할을 하지 못한다는 판단에는 문제가 없어 보인다. 세계화가 성장을 견인하지 못한다면 이를 대체할 새로운 세계경제의 구조는 어떠한 모습을 갖게 될 것인가?

[그림 6-2] 팬데믹 이후 권역별 무역의 회복

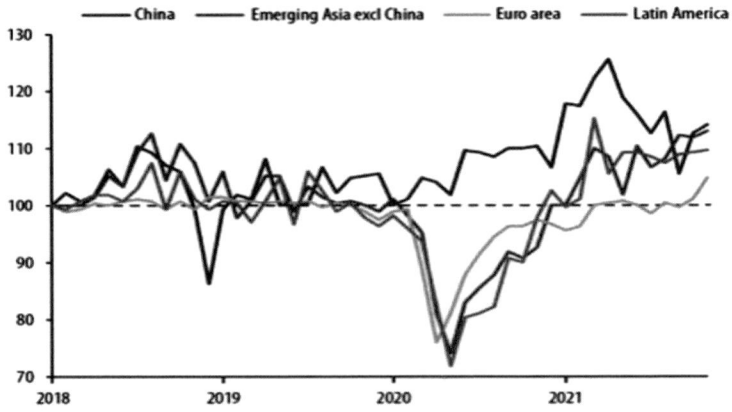

자료) Prachi Mishra and Antonio Spilimbergo(2022), *Globalization and Resilience*, IMF, May 24.

한편 비교적 최근의 추세를 보여주는 [그림 6-2]는 세계 주요 지역에서 팬데믹 초기에 무역이 하락세를 보였으나 이후 2020년 하반기 GDP 대비 대외 무역은 이미 모든 지역에서 팬데믹 이전 수준을 초과하고 있음을 보여준다. 물론 트럼프 행정부의 보호무역주의가 본격화하기 시작한 2018년 이후 미국과 중국 간의 무역상의 디커플링이 발생하는 듯한 변화가 나타나고 있다. 단적으로 미국의 수입규제로 인하여 중국으로부터의 수입 비중이 상당폭 감소하기도 하였다. 반면에 중국과 유럽 및 아시아의 미국 동맹국을 포함한 다른 주요 무역파트너 사이에는 유사한 현상이 보이지는 않는다. 이러한 변화를 해석하기에는 상당한 난점이 있다. 우선 지금까지 주요 디커플링에 대한 증거는 특히 미국 이외의 지역에서는 거의 없다는 점에서 일정 수준 과장된 것으로 해석할 수도 있다. 여전히 세계무역은 활발한 회복력을 보여주고 있기 때문이다. 이와 동시에 지역별 블록화가 부분적으로 일어나고 있는 것으로 해석도 가능하다. 미-중 갈등이 심각도를 더하게 된다면 지역화를 가속함으로써 역세계화 주장을 지지하는 결과로 이어질 수도 있기 때문이다.

이처럼 무역지표의 추세만으로는 역세계화에 대한 장기적 전망을 단정하기 어렵지만 최근 들어 비관적 전망이 높아지고 있는 것은 엄연한 사실이다. 미-중 갈등과 미국의 산업정책 전개 양상이 심상치 않기 때문이다. 그 양상은 해외투자 기업의 국내귀환(리쇼어링, Reshoring), 이념적으로 동질적인 국가 또는 인접 국가들 간의 공급망 형성(프렌즈쇼어링, Friends Shoring), 지역적으로 근접한 국가들 간의 공급망 형성(Near Shoring), 그리고 전략물자의 적극적인 공급선 다변화 및 국산화의 강력한 추진으로 정리된다. 이는 산업의 지형 상 의미 있는 변화를 예고한다. 이러한 전략이 일시적이지 않고 현재 국제경제의 구도를 변화시키고자 하는 의도가 개재되어 있음도 명백하다. 중국과 러시아 등 비자유주의 진영이 별도의 권역별 가치사슬을 형성할 수밖에 없는 상황에 내몰리는 경우도 전혀 배제할 수 없다.

그중에서도 주의 깊게 관찰해야 할 흐름은 프렌즈쇼어링과 같이 미국을 중심으로 동맹국 간에 별도의 가치사슬을 형성하고자 하는 시도이다. 반도체, 인공지능 그리고 전기자동차 배터리 및 소재와 같은 전략적 성격이 강한 제품에 대하여 자유주의 진영 국가들로부터 안정적인 공급망을 확보코자 한다. 한국 대만 일본이 참여하는 Chip-4 이외에도 미국-유럽연합 무역기술위원회(US-EU Trade and Technology Council, TTC), 인도·태평양 경제 프레임워크(Indo-Pacific Economic Framework, IPEF) 등도 프렌즈쇼어링 전략에 해당한다. 인플레이션 감축법의 북미지역 중심 전기자동차 배터리 공급망은 네이버쇼어링이지만 넓게 봐서는 프렌즈쇼어링의 범주에 포함된다. 낙관적 주장, 즉 세계화가 일정 수준 쇠퇴의 방향으로 갈 수는 있지만 세계경제가 쌓아온 상호의존관계가 근본적으로 훼손되지는 않을 것이라는 견해에 의문을 제기할 수밖에 없는 상황변화다.

이와 관련하여 흥미롭게 살펴보아야 할 이벤트가 있는데 바로 2022년 9월 14개 IPEF 참가국이 모여 기존 합의사항의 추진을 재확인한 사실이다. 1장에서 WTO가 세계화의 결과를 최소한으로 반영하는 장치이며 추가적인 세계화를 이끌거나 시장의 창출을 위한 기능을 가질 수 없음을 설명한 바 있다. 미국이 기존의 국제협력체제의 유용성에 회의를 갖고 새로운 추진방식을 모색하는 이유이기도 하다. 이러한 점에서 IPEF가 국제경제협력에 있어서 WTO를 뛰어넘는 다른 방식의 변화를 가져올 가능성과 관련하여 다음을 주목해야 한다.

첫째, IPEF는 향후 세계경제의 핵심 이슈인 4대 분야(Pillar)를 다루고 있다. 바로 (1) 경제 연결성(Connected Economy), (2) 회복력(Resilient Economy), (3) 청정 경제(Clean Economy), (4) 공정 경제(Fair Economy)이다.[*5] 특히 경제 연결성 분야는 디지털 경제와 이른바 4차 산업혁명 분야라고 할 수 있는 데이터, 인공지능, 데이터 국경이동 등 신산업기술 분야를 총망라한다. 여타 분야로는 공급망 다변화를 포함하여 경제안보를 구체적인 아젠다로 제시하였으며 재생에너지와 탈탄소화 등 환경문제도 주요 이슈로 포함되었다. 향후 국제 경제질서의 형성에 있어서 핵심적 아젠다가 무엇인지 잘 보여준다.[*6]

둘째, IPEF는 미국은 한때 적극적으로 주도하였던 TPP[*7]와 같은 '시장접근' 중심의 경제협력으로 회귀하지 않을 것임을 분명히 한 것으로 해석된다. 이는 한편으로는 기존의 세계화에 부정적인 국내 정치적 환경을 반영한다. 시장접근 개선을 위한 국제협력 메커니즘의 '한계편익'이 그만큼 낮아졌음을 의미한다는 제1장의 논의를 상기할 필요가 있다. 물론 '시장접근' 이슈의 누락은 일부 참가국의 불만요인이 될 수도 있고 향후 IPEF의 추동력에 일정한 제약으로 작용할 가능성도 없지 않다. 그럼에도 시장접근에 상대적으로 관심이 높은 역내 중진국들 역시 IPEF에 적극 참여하고 있다. 세계경제의 미래 아젠다를 관리하는 협력체계를 형성해 나가는 과정에서 배제되지 않겠다는 판단을 내리고 있는 것이다.

[*5] 국립외교원 외교안보연구소, 주요국제문제분석, https://www.ifans.go.kr/knda/hmpg/mob/pblct/PblctView.do;jsessionid=+Yf3uKHW5Fel8nP9BB49Jnyf.public22?pblctDtaSn=14019&clCode=P01&menuCl=P01&pageIndex=1

[*6] 사실 이와 유사한 과거의 사례로는 OECD의 양대 자유화규약이라고 할 수 있다. 출범 당시 '선진국 클럽'이라 불리었던 OECD는 이미 이를 통하여 자본자유화와 서비스자유화를 상당폭 진전시켰다. 서비스 자유화는 오랜 시간을 걸쳐 WTO의 서비스무역협정(GATS)로 현실화되었다. 투자 부문은 별도의 다자간 협정으로 진전되지는 못하였지만, GATT 무역 관련 투자협정(TRIMs)으로 부분적으로나마 반영되었다. 이러한 사례에 비추어보자면 IPEF에 포함된 아젠다는 시간을 두고 점차적으로 국제규범의 형태로 탄생되는 길에 들어섰다고 보아도 좋을 것이다.

[*7] CPTPP 이전에 추진된 Mega-FTA로서 여기서 미국이 빠지고 출범한 것이 CPTPP이다.

IPEF를 통해 드러나는 미국의 진영 중심적 접근방식은 최근의 노골적 수정주의 산업정책과 완전히 양립한다. 미국이 대 중국 투자를 억제하는 정책은 동시에 해당 산업의 공급망 및 무역 패턴에 구체적인 변화를 목적으로 하기 때문이다. 적어도 해당 부문에서 중국과의 탈동조화가 발생할 것임을 짐작하기는 어렵지 않다. 중국이 이들 분야를 중심으로 자체적인 공급망을 형성하려는 이유이기도 하다. 그러나 미국의 산업과 통상정책이 현실적으로 중국을 글로벌가치사슬에서 '전반적으로' 배제할 수 없고 그렇게 보이지도 않는다. 산업정책과 중국 배제의 최우선 순위는 미국이 최고의 경쟁력을 확보하여 경제 및 안보적 우위를 통한 패권적 지위를 확고히 하는 데 있다. 그리고 양자는 분명한 차이가 있다. 중국 배제는 미국의 산업정책 대상이 되는 전략 분야에 한정되고 중국이 산업과 기술의 리더로서 위치할 기회를 허용하지 않는 것만으로 충분하다. 첨단 핵심분야에서 미국의 지도적 위치 확보 이상의 탈동조화는 미국과 세계경제에 바람직하지 않을 뿐만 아니라 현실적으로 가능하지도 않기 때문이다.

그리고 현재로서는 미국의 중국 배제 전략이 전반적인 역세계화로 이어질 것이라는 전망의 근거가 충분하지 않다. 예컨대 ICT 부문의 미국의 대중 FDI 감소 현상이 일부 발생하고 있다고 하나 글로벌 관점에서 중국은 여전히 가장 큰 FDI 투자처이며 그 추세 역시 유지되고 있다. 미국이 수년간 리쇼어링을 정책적으로 추진해 왔으나 실제 그 비중은 매우 미미하며 이를 고려하는 미국 기업도 극소수에 지나지 않는 것으로 알려진다(Goldman Sachs, 2022). 미국의 제조업이 축소되어 왔지만 이는 미국경제의 약점이 아니라 오히려 미국의 산업구조가 서비스와 지식집약적 산업으로 고도화한 결과이다. 수십 년간 진행된 미국 기업의 아웃소싱 확대는 미국의 기업과 소비자에게 매우 구체적인 혜택으로 결과하였다. 보통의 제조업 분야에까지 미국 생산역량의 회생을 꾀할 가능성도 작지만 설사 그렇다 하더라도 미국경제의 비효율과 비용상승으로 귀결할 것이다. 미국경제가 감당할 수도 없고 대중이 수용할 수도 없으며 필요하지도 않다. 전기자동차와 배터리 그리고 바이오 등 첨단·전략 분야에 대한 산업정책이 가능한 것은 이들이 '한정적'이기 때문이다. 미국의 산업정책이 부분적으로 가치사슬의 구조변화를 가져온다고 할지라도 세계경제 전체의 관점에서 그 규모는 매우 일부에 지나지 않는다.

2022년 10월 제이크 설리번 바이든 행정부의 국가안보보좌관이 '마당은 작게, 담장은 높게(small yard, high fence)'라는 표현으로 미국의 수출통제 속성을 밝힌 것도 바로 이러한 맥락에서다. 미국의 최우선 목표는 중국이 핵심 분야에서 격차를 좁혀오는 것을 허용하지 않겠다는 데 있으며 가능한 최대한의 거리를 확보하자는 뜻이다. '마당은 작게'라는 방침은 반도체에 한정해 보더라도 수출통제가 최첨단·안보 분야에 국한되고 이를 제외한 기존의 범용·성숙 분야의 수출입은 제한 없이 허락되는 사실에서도 잘 드러난다. 특히, 수출통제는 '기업(company)' 자체에 대한 제한이 아니라 '생산설비(facility)'를 기준으로 한다. 극단적으로 중국의 한 기업이 최첨단 공장과 범용제품 공장을 동시에 갖고 있다 하더라도 이 기업 자체가 아니라 규제 대상으로 분류되는 공장에 대하여 수출통제가 적용된다. 미국의 정책에 의하여 탈동조화가 일어난다 할지라도 그 대상은 매우 한정적일 것임을 확인해 준다. 첨단기술의 격차 확대 그 자체가 글로벌가치사슬의 계급체계(hierarchy)에 매우 심대한 의미를 갖고 있지만 가치사슬 자체의 본질적 분리로 이어지지는 않을 것이다.

글로벌가치사슬의 함몰비용

역세계화의 가능성을 동의하기 주저하는 것은 현대 세계경제의 생산력이 글로벌가치사슬에 크게 기반하기 때문이다. 이러한 논점을 제2장에서 소개한 글로벌가치사슬 척도의 하나인 총수출에 있어서 차지하는 해외부가가치의 비중을 통하여 살펴볼 수 있다. 어느 나라의 수출품이든 해외에서 발생한 부가가치가 포함되어 있다. 그리고 한 국가의 수출에 포함된 외국의 부가가치가 높을수록 상대적으로 생산활동의 세계화 수준이 높음을 의미한다. [그림 6-3]은 세계 주요 국가의 관련 현황을 보여주며 직관적으로 이해할 수 있다. 세계화의 절대적 수준을 기준으로 할 때, 한국 대만 베트남 멕시코의 비중이 여타 선진국에 비하여 높다. 중국과 인도 역시 높은 수준이나 경제규모 효과로 인하여 한국 등에 비하여 낮다. 반면에 그 추이에서는 일정한 차이를 보이는데 한국과 대만은 그 비중이 감소하는 반면 멕시코와 베트남은 꾸준히 증가하고 있다. 자국의 생산력 기반이 외국인 직접투자에 크게 의존하는 멕시코와 베트남 경제의 특징을 생각하면 그 의미가 쉽게 이해된다. 반대로 한국과 대만은 생산력의 해외 이전이 상대적으로 활발하다고 볼 수 있다.

[그림 6-3] 주요국 총수출의 해외부가가치 비중

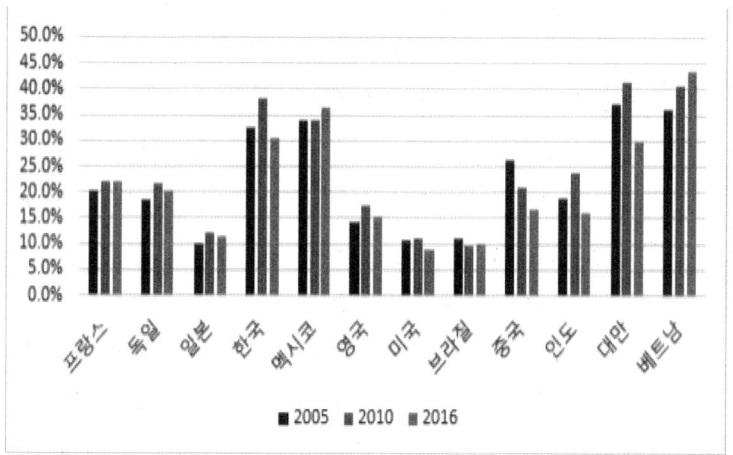

자료) OECD Stan Database 활용 필자 작성

　　선진국 중에서도 경제구조에 따라서 뚜렷한 차이를 보인다. 금융 등 서비스 분야에 대한 의존도가 높은 미국과 영국의 세계화 수준은 현저히 낮으나 제조업 비중이 상대적으로 높은 독일과 프랑스는 세계화 수준도 높다. 기존의 글로벌가치사슬이 압도적으로 제조업 중심으로 형성되어 있기 때문이다. 문제는 미국이 첨단 제조업에 있어서 새로운 가치사슬을 형성하고자 할 때 가장 큰 영향을 받는 나라들이 아시아의 한국과 대만 그리고 유럽의 독일과 프랑스 같은 국가가 될 것임을 말해준다. 최근 미국이 한국과 대만에 대하여 첨단산업 분야에 대한 대미 투자를 종용하는 사실에서도 증명되고 있는 바이다. 또한 전기자동차와 배터리에 대한 보조금 지급 대상에서 직접적으로 차별을 피할 목적으로 생산기지를 이전할 경우, 이들 국가의 세계화 수준 그 자체에는 변화가 없고 북미지역 비중이 높아지는 방향으로 지역적 구조변화가 발생할 것이다.

한편 제조업 수출 비중이 상대적으로 높은 한국과 중국 그리고 독일의 경우 흥미로운 추이가 발견되고 있다. 이 국가들의 경우, 자국의 수출을 재수입하여 사용한 비중이 증가하고 있다([그림 6-4]). [그림 6-3]은 이들 국가의 총수출에서 해외부가가치가 감소하는 추세를 보여주었다. 그러나 이 추세는 외국과의 생산분업을 포함하는 생산 패턴 상의 변화로 해석할 수 있다. 예를 들어, 삼성전자의 제품 생산과정에서 전 세계에 퍼져있는 삼성 간의 무역 즉, '기업 내 무역(intra-frim trade)'이 큰 비중을 차지하는 현상을 대변할 수도 있다.[8] 이러한 현상은 전통적인 무역의존도에 입각한 세계화 추이의 판단으로는 그 실상을 정확히 파악할 수 없게 만드는 요인이다. 뒤의 절에서 논의하는 바와 같이 기업 내 무역의 경우, 제조기술, 디자인, 마케팅 등 무역통계에는 거의 잡히지 않는 서비스와 지식재산권의 '기업 내 이동', 달리 표현하자면 통계적으로 기록되지 않는 '보이지 않는 무역'이 상대적으로 더 높게 포함된다는 것은 이제 잘 알려진 상식이다.

---

[8] 기업 내 무역(intra-firm trade)과 독립기업 간 무역(arm's length trade)의 외부충격에 대한 민감도는 국가별로 달리 나타나는 듯하다. 미국의 경우, 금융위기 시 독립기업 간 무역의 하락폭이 더 큰 것으로 나타나고 있다(Global Economic Prospects(2017), *Arm's-Length Trade: A Source of Post-Crisis Trade Weakness*). 따라서 미국이 첨단 분야에 있어서 글로벌 가치사슬에 적극 편승하려는 것은 산업과 무역의 안정성 확보라는 정책적 목표에 기여하는 셈이 된다. 반대로 한국과 같이 제조업 분야의 가치사슬 의존도가 높은 경우, 외부충격은 기업 내 무역 전반에 미치는 효과가 상대적으로 더 높을 가능성도 있다(한국은행 BOK 경제연구(2019-13), Intra-firm and Arm's Length Trade during the Global Financial Crisis: Evidence from Korean Manufacturing Firms).

[그림 6-4] 주요국 총수출중 재수입 투입비중

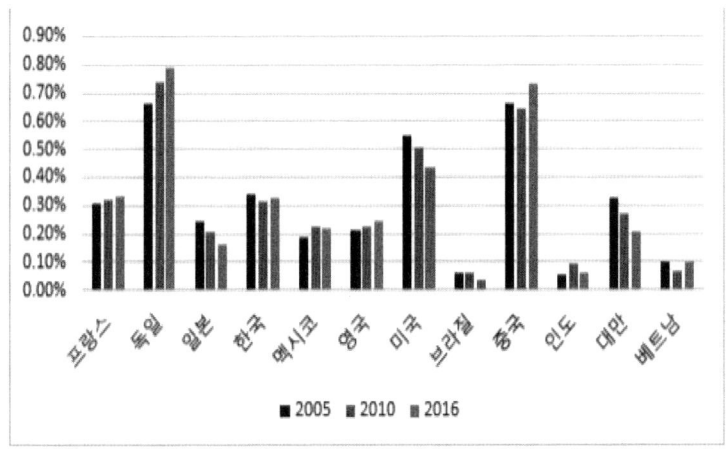

자료) OECD Stan Database 활용하여 필자가 작성

글로벌가치사슬의 확대는 기업 내 무역의 증가를 의미하고 이로 인한 '보이지 않는 무역' 비중의 증가는 기업으로 하여금 비대칭적 의사결정의 환경으로 내몬다. 기업이 GVC를 새롭게 구축하거나 정부 정책에 따라 리쇼어링의 타당성을 평가할 시에 기존의 가치사슬 구축에 투입된 높은 함몰비용(Sunk Costs)을 고려해야 하기 때문이다. 높은 함몰비용은 소위 '이력현상(Hysteresis)'의 원인으로 작용한다.[9] 외부 환경의 변화에도 불구하고 기존의 결정을 바꾸지 않는 구간이 존재한다는 말이다. 따라서 기존의 결정을 변경시키기 위해서는 함몰비용을 상쇄하는 커다란 유인이 필요하다는 지적은 매우 타당하다(Antras, 2020). 한번 형성된 GVC를 변화시키기 위해서는 매우 높은 추가적 비용부담을 피할

---

[9] Hysteresis란 자기이력(Magnetic Hysteresis)에서 비롯된 용어로서, 함몰비용이 존재할 경우 기업이 외부의 충격에 비대칭적으로 반응함으로써 발생할 수 있다.

수 없기 때문에 가치사슬이 상대적으로 비활성적(sticky)인 특성을 갖는다.[10]

관성의 법칙이 지배하는 세계에서 상태의 변화를 일으키기 위해서는 힘의 작용이 필요하다. 가치사슬의 구조를 해체하고 프렌즈쇼어링 또는 리쇼어링과 같은 정책을 통하여 새로운 생산분업 체계의 형성시키려면 매우 커다란 외부적 정책적 충격이 가해져야 함을 의미한다. 미국이 지금과 같이 국제규범을 무시한 산업정책을 무리하게 추진하는 이유를 이해할 수 있다. 기존의 구조를 바꾸기 위해서는 매우 어렵고 갈등을 감수하는 완력을 발휘해야만 하기 때문이다. 과연 지금과 같은 미국의 충격요법과 이로 인한 국제적 갈등이 과연 기대한 바대로 변화를 가져올 만큼 커다란 외부적 힘으로 작용할 것인가?

현재와 같은 혼란스러운 현상이 어쩌면 필연적이라는 흥미로운 해석도 있다. 세계화의 후퇴로 보이는 현상은 사회시스템의 복잡성 증가에 따라 당연히 발생한다는 설명이다. [그림 6-5]와 같이 역세계화 가능성 및 다자간 통상체제의 혼란 현상을 시스템의 복잡성 수준과 연관하여 실험한 결과를 보여 준다(Balsa-Barreiro et al., 2020). 이 연구는 시스템의 붕괴확률이 상호의존성의 구조적 패턴에서 발생하는 사회시스템의 복잡성의 함수로 설명될 수 있다고 한다. 이 연구의 실험결과를 요약하자면, 시스템의 붕괴확률은 네트워크 연결성의 함수라는 것이다. 오늘날과 같이 세계경제의 상호의존도가 높은 수준에 도달한 상태는 네트워크 연결성이 매우 복잡해졌다는 것을 의미한다. 글로벌가치사슬의 길이가

---

[10] Pol Antras. (2020). De-Globalization? Global Value Chains in the Post-Covid Age. ECB Forum on Central Banking.

늘어난 사실 그 자체가 붕괴 위험을 높인다. 이는 앞에서 말한 바와 같이 가치사슬의 취약성에 다름 아니다.

[그림 6-5] 네트워크 연결성 함수로서의 붕괴확률

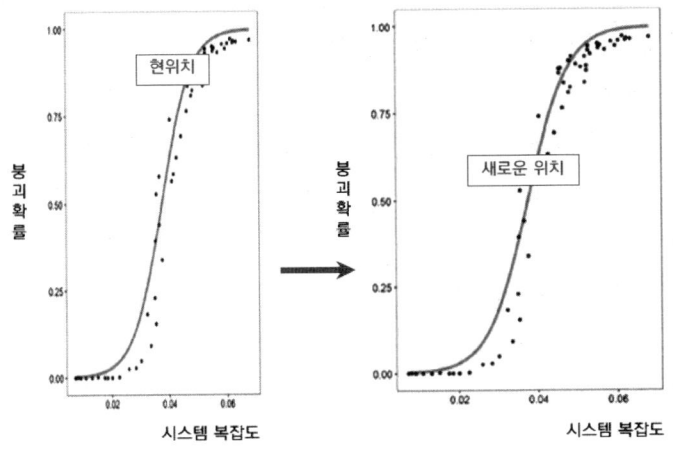

주) 아래의 연구에서 발췌하여 본문의 취지에 맞게 변형한 그림이다.
자료) Jose Balsa-Barreiro Vie, Morales and Cebrian(2020). *Deglobalization in a hyper-connected world*, Palgrave communications.

　세계경제의 상호의존도가 높아지고 가치사슬의 복잡성이 높아질수록 안정성은 떨어진다. 글로벌가치사슬이 갖는 효율성과 안정성의 상치관계이다. 위 연구는 매우 광범위하고 보편적인 현상에 주목하는데 바로 문명이 조직화하고 행동하는 방식이 점점 복잡해져 왔다는 것이다. 따라서 사회적 관계와 상호의존성 그 자체 (또는 시스템의 진화 수준)가 개별 속성이나 기능보다 사회시스템의 복잡성과 안정성을 더 잘 설명한다고 본다. 개인과 공동체 나아가 사회 전반에 이르기까지 다양한 차원에서 상호의존성을 추가할 경우 잠재적 관계 수가 증가한다. 이는 다시 새로운 유형의 연관성을 만들어 내고 정교한 행동들이 출현한다. 상호의존성이 증가하고 시스템이 더 많이 연결될수록 오류와 예기치 않은 해로운 행동이 발생하게 되고 이들이 다시 시스템 전체에 전파되는 경향이 존재하게 된다.

글로벌가치사슬의 복잡성에 비추어 볼 때, 우리가 설명하고자 하는 현상이 특별히 이상하지 않고 자연스러운 귀결이라는 사실은 매우 중요하고 흥미로운 시사점을 제공한다. 즉, 안정성을 회복하기 위해서는 세계경제가 [그림 6-5]의 x축에서 0에 가까운 쪽으로 위치할 필요가 있음을 암시한다. 그것은 상호의존성 자체를 줄인다는 의미보다는 상호관계의 도메인 확대로 해석해야 한다. 세계경제의 기저에서 산업적 기술적 변화가 매우 빠르게 일어나면 이것이 바로 새로운 상호관계의 형성에 대한 시장으로부터의 수요를 만들어 내는 것이기도 하다. 구체적으로 인공지능의 초지능성과 인터넷의 초연결성으로 인하여 산업 및 기술의 기반이 현저히 달라지고 경제활동의 범위 자체가 크게 확대되었다. 기존의 경제구조 하에서 매우 높은 밀도의 네트워크 형성되어 있었지만([그림 6-5] 좌측의 현 위치), 새로운 경제환경 하에서는 그 네트워크를 확대할 공간이 넓어졌다고 할 수 있다. 이는 다시 복잡도를 감소시키는 것과 같다. 따라서 네트워크 확대의 공간이 확장될 경우(x축의 확대), 붕괴확률은 낮아지고([그림 6-5]의 우측, 새로운 위치) 새로운 네트워크 연결성과 복잡성이 다시 시간이 흐름에 따라 차차 증대해 나가는 그림을 예상할 수 있다. 현재 대전환이 이루어지고 있는 산업과 기술이 충분히 성숙단계에 이르면 이를 기반으로 새로운 국제협력의 공간이 창조될 것이라는 전망에 이르게 된다.

다른 세계화?

역사가 되풀이된다고 믿을 만한 증거가 있는지 알 수 없지만, 오늘날 우리가 경험하고 있는 미-중 갈등과 같은 현상이 과연 새롭기만 한 것일까? [그림 6-5]가 시사하는 바와 같이 산업과 기술의 변화가 시스템의 안정성에 영향을 미친 사례가 반복되어 나타나고 있는지도 모른다. 잠시 제3장에서도 소개된 바 있는 1980년대로 상황으로 되돌아가 보자. 당시 미국은 일본에 대해서도 지금의 대 중국 압박과 비슷한 형태로 전방위적 통상압력을 가하였다. 이른바 일본 때리기(Japan Bashing)다. 미국의 패권 유지 관점에서 보면 오늘날의 현상을 80년대의 반복으로 읽을 수도 있다. 미-소간 냉전이 끝난 이후에 일본과 독일 역시 선택에 따라서는 오늘과 같은 경제적 외교적 질서의 모습이 달라졌을 것이라고 보기도 한다. 반면 현재의 양상이 자유주의와 비자유주의적 진영의 대립이 결부되어 있다는 점에서 차이가 있다. 오늘날의 국제정치경제 질서상의 변화가 당연히 1980년대와 매우 상이하게 전개될 가능성이 있다는 주장의 논거이기도 하다.

이러한 충돌에는 미국의 경상수지 적자, 자본수지 흑자, 고금리와 강한 달러, 지식재산권 침해, 환율조작, 불공정경쟁, 그리고 그 이면의 재정적자와 같은 거시경제적 변수가 단골처럼 등장한다. 80년대의 일본 때리기의 표면적 명분은 양국 간의 무역불균형이었다. 당시 세계경제 불균형(Global Imbalance)의 핵심은 미-일 무역불균형으로 간주되었는데 미국은 이를 일본경제 팽창과 미국에 대한 강력한 경제적 도전의 상징으로 간주하였다. 일본에 대하여 지식재산권 침해, 통화가치 조작, 일본의 정부 주도 산업정책 그리고 미국의 제조업 공동화가 일본 때리기의 주된 명분이었다. 2010년대 이후의 미국의 대 중국 압박은 적어도 통상의 관점에서는 이 시기 미국의 대일 압력과 거의 동일한 구조다. 미국이 대일 무역불균형을 해소하기 위하여 사용한 정책은 실로 전방위적이라 할 만큼 다양한 수단을 망라하였다. 플라자협정(Plaza Accord)을 통하여 양국 간 통화가치 전복이 이루어졌고 일본은 이후 수십 년에 걸쳐 경제침체를 경험하고 있다.[*11] 구조조정조치(Structural Impediment Initiatives, SII)를 통하여 유통시장 등 구조적으로 폐쇄적인 일본시장의 개방을 추진하였으며 나아가 일정 규모의 수입을 강요하는 관리무역 수단까지 동원하였다.

[그림 6-6] 미 행정부별 재정지출과 재정적자 추이

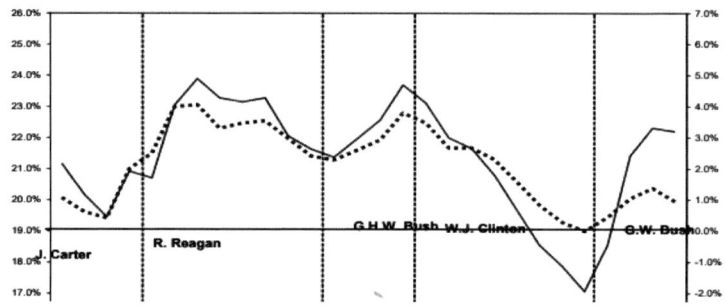

주) 정부지출/GDP: 점선, 왼쪽 좌표, 재정적자/GDP: 실선, 오른쪽 좌표
자료) Frankel, J.(2007). *Responding to Financial Crisis*. Harvard Univ.

80년대의 미-일 무역불균형과 90년대 이후의 미-중 무역불균형 그 자체는 미국경제의 구조적 특성에 따른 '거시경제적 현상'으로 이해되어야 한다. 무역불균형을 양국 간 갈등의 '원인'으로 보

[*11] 물론 플라자 협정이 일본경제의 침체를 설명하는 확정적 요인이라고 할 수는 없다. 일본의 경제침체는 자산시장 거품의 붕괴, 산업구조의 경직성, 거시경제 정책의 실패 등 복합적 요인에 의하여 설명하는 것이 옳다.

는 것은 적어도 경제학적 관점에서는 적절한 진단이 아니다. 이러한 불균형이 미국경제의 매우 낮은 국내저축률과 재정적자에 기인하였기 때문이다. 미국의 공화당 정부가 내건 작은 정부론과 반대로 정부지출과 재정적자는 해당 정부 하에서 매우 높은 수준을 기록하는 패턴을 보여 왔다([그림 6-6]). 국민소득방정식에 따르면 낮은 저축률은 높은 경상수지 적자와 동일한 현상이다.[12] 제3장에서 설명한 바와 같이, 거시경제적 불균형이 정치외교안보적 외생변수에서 발생하였다고 볼 수 있으며, 따라서 사실상 경제정책의 범주를 벗어난다고까지 말할 수 있다. 레이건 행정부가 혁명적 수준의 감세정책을 도입하는 동시에 미-소간의 군비경쟁(arms race) 과정에서 막대한 국방비 지출을 지속하였기 때문이다. 국제수지의 원리상 재정적자로 인한 경상계정에서의 적자는 금융계정에서의 흑자로 메워져야 한다.[13] 이는 달러 표시 자산에 대한 높은 수요를 확보해야 할 필요를 낳았는데 고금리와 강한 달러 현상으로 귀결되었다.[14] 이를 제3장에서 미국의 패권에 입각한 국제 정치경제 질서에 내포된 모순으로 설명한 것과 같다.

여기서 우리가 관심을 가져야 할 대목은 그 이후 미국경제의 지형에 관한 것이다. 미국경제가 이러한 순환고리에서 벗어난 것은 80년대 중반 플라자협정, 석유가격 및 금리하락을 동반한 세

---

[12] 국민소득방정식은 $C + S + T = Y = C + I + G + (X-M)$이다. 이를 경상수지를 중심으로 다시 정리하면 $(X-M) = (S-I) + (T-G)$로 표시된다. 경상수지는 저축과 투자의 갭 그리고 조세수입과 재정지출의 갭에 의해서 결정된다.

[13] 국제수지는 회계 상 항상 균형이므로 경상계정의 적자는 금융계정(자본수지)의 흑자를 의미한다.

[14] Paul Volcker의 고금리 정책이 당시의 성공적인 인플레이션 통제에 결정적인 역할을 한 것으로 평가되고 있다. 그럼에도 미국의 거시경제적 상황이 국방정책을 뒷받침하기 위해서는 고금리와 강한 달러를 유지할 수밖에 없는 구조에 있었다고 해석할 수도 있다. 이러한 정책은 강한 달러로 인한 국내 산업의 스트레스 해소 요구가 높아짐에 따라 전환하기 시작하였다.

계경제의 회복이었다. 이때부터 시작된 IT 산업의 발전을 중심으로 한 소위 '신경제(New Economy)'의 확산이 미국경제와 산업의 주도권을 회복하는 데 결정적으로 작용한 사실에 주목해야 한다. 이라크 전쟁에서의 승리에도 불구하고 부시 행정부가 패배하고 경제를 앞세운 클린턴 민주당 정부의 탄생도 결국 이러한 경제구조의 변화가 배경으로 작용하였다. 우루과이라운드의 타결과 WTO의 출범은 이러한 자유주의적 경제질서의 현실적 확장이다.[*15] 전술한 바와 같이 우루과이라운드 협상의 핵심은 서비스무역과 지식재산권의 보호를 다자체제에 편입시킨 것이며 이는 당시 미국과 서구 선진국의 비교우위를 적극적으로 관철한 것이기 때문이다. 앞의 [그림 6-5]에서 표현하자면 x축이 확장되고 세계경제가 안정성을 다시 확보하는 과정인 것이다.

그 이후 미국을 중심으로 세계는 완전히 새로운 산업의 세계를 맞이하였다. 정보통신기술의 성숙화를 기반으로 현재 세계경제는 산업과 기술의 대변화를 맞고 있다. 과거에 견줄 때, 주요 경제대국 간 또는 진영 간의 대결과 갈등은 오히려 과도기에 필연적으로 나타나는 현상으로 이해할 수 있는 대목이다. 80년대와 현재의 차이점은 미-중 간의 전략적 경쟁이 글로벌 차원의 갈등으로 이어지고, 세계화의 퇴조와 전통적 자유주의적 진영과 비자유주의적 진영 간의 병렬적 질서가 형성될 가능성에서 찾아야 한다. 어쨌든 이러한 역사적 경험이 적어도 산업현장에서는 재현되고 있는 것으로 보아도 무방하다.

[*15] 실제로 우루과이라운드 협상이 부진한 가운데 미국은 소위 ICT 부문의 개방을 내용으로 하는 ICT 협정이라는 이름의 복수 국가 간의 합의를 통하여 전반적 타결에 압력을 가하였고, 이는 전반적 협상의 진전에 상당폭 기여하기도 하였다.

[그림 6-7]에서 드러나듯이 비교역적 성격이 강한 서비스무역의 비중이 최근 들어 빠르게 증가하였다. 지난 10년 사이에 서비스·공산품 무역비율이 거의 10%나 증가한 것이다. 무엇보다도 ICT 기술의 발달로 인하여 교역 가능한 서비스제품이 늘어났기 때문이다. 과거에는 서비스의 무역이 어렵거나 불가능하였던 것에 비하여 인터넷을 통하여 매우 다양한 서비스 자체의 국경이동이 가능해졌기 때문이다. 인터넷을 통한 게임서비스의 국경 간 거래를 생각하면 쉽게 이해할 수 있다. 금융 및 보험서비스, 컨설팅과 같은 지식서비스와 같이 고부가가치의 서비스무역이 빠르게 확장되었다. 앞에서 언급한 '보이지 않는 무역'의 비중도 유사한 속도로 증가하였을 것으로 짐작할 수 있다. 이러한 경향은 단순히 공급측면의 변화에 의한 것만이 아니다. 경제성장과 전반적인 소득의 증대에 힘입은 서비스 상품에 대한 수요증가 역시 중요한 요인이다. 제조업에 있어서도 생산공정 전반에 있어서 서비스가 국경 간 이동을 통하여 중간재 역할의 비중이 높아졌다.

[그림 6-7] 서비스·공산품 무역비율 추이(2007-2021)

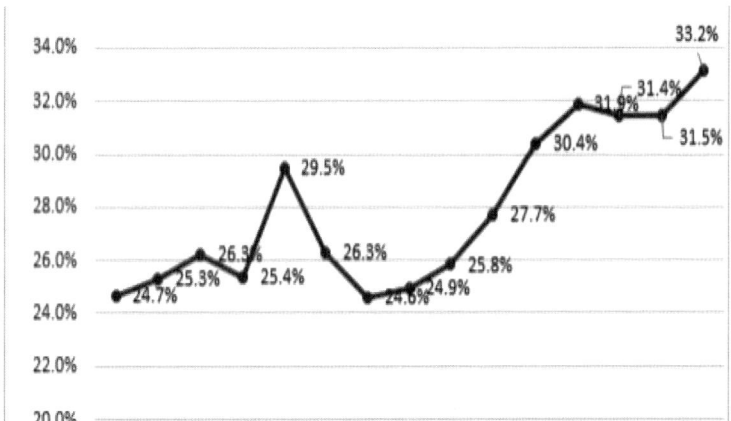

자료) International Trade Center, Trade Map Data 활용 필자 작성

이처럼 세계경제는 전통적인 상품무역의 추이를 기준으로 세계화 추이를 평가하기 어려운 구조로 빠르게 변화하였다. 그러나 이러한 변화를 적극 반영할 국제협력체제는 미비하다. 서비스무역의 확대를 반영하여 WTO는 서비스무역협정(GATS)을 다자간 체제에 도입하였지만 과거 상품무역과 같은 수준의 시장접근과 국내규제에 대한 개선을 이루지 못하고 있다. 변화를 반영하기 위한 전자상거래 협정에 대한 논의가 지속되고 있지만 그것이 주도적인 국제규범으로 자리 잡지 못하였다. 세계화의 기제로서의 WTO는 서비스 부문의 추가확대에 그 역량이 부족함은 앞에서 논의한 바와 같다.

[그림 6-8]은 서비스 교역의 구조변화를 2005년과 COVID-19 발생 직전인 2019년과 비교하여 보여주는데 2000년대 이후의 주목할 만한 변화를 읽을 수 있다. 무엇보다도 지식재산권 관련 서비스, 통신 컴퓨터 서비스 그리고 사업서비스의 비중이 유의미하게 증가하였다. 전반적으로 상품, 자본 그리고 국경 간 인력이동은 둔화되었으나 서비스 교역 중에서도 위에서 언급한 특정 부문이 증가한 것이다. 관광서비스의 비중은 여전히 가장 높으나 상대적 비중은 감소하였다. 가장 주목할 부문은 지식집약적 사업서비스와 통신·컴퓨터 서비스 비중의 대폭 확대이다. 컴퓨터와 통신서비스의 수출은 1990년대 초반 이후 크게 증가하였으며 세계 GDP의 3% 이상을 차지한다. 앞에서 언급한 바 있는 '보이지 않는 서비스 무역'의 증가를 감안하면 이들 분야가 국제무역에서 차지하는 지위의 변화는 더욱 클 것으로 보아야 한다.

[그림 6-8] 서비스 무역구조의 변화

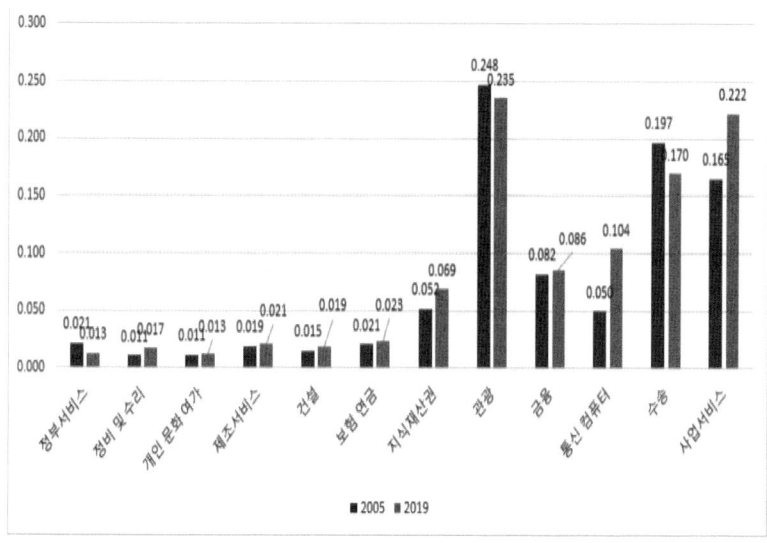

자료) International Trade Center, Trademap Data 활용 필자 작성

사업서비스 교역의 비중 확대는 산업활동의 트렌드 변화를 반영한다. 그중에서도 현대 산업활동의 특징인 제조·서비스 융합이다. 제조활동의 전·후방에 투입되는 서비스의 종류와 비중이 늘어났으며 대체로 최종재화의 부가가치를 증가시키는 데 핵심적인 기능을 담당한다. 2000년대 이후, 매출 대비 지식집약적 서비스와 무형자산이 현저히 증가한 사실로 증명된다.[16] 또한 정보통신

---

[16] 메킨지(2019)의 보고에 따르면 모든 가치사슬에서 연구개발과 무형자산(브랜드, 소프트웨어, 지식재산)에 대한 지출이 매출에서 차지하는 비중은 계속 증가하였다. 2000년 그 비율이 5.4%에 그친 데 비하여 2016년에는 13.1%에 달하였다. 특히 이 비율은 혁신적 산업에서 높은 것으로 나타나는데 기계 장비 산업에서는 36%인데 비하여 바이오 의약품 산업은 80%에 달하는' 것으로 알려졌다. 이와 같이 부가가치가 높은 첨단 산업일수록 지식과 무형자산이 생산요소로서 보다 중요한 위치를 차지하게 되었는데 이는 당연히 서비스 무역의 증대와 추이를 같이하게 된다.

망을 통한 서비스 자체의 국경 간 이동성이 매우 개선되었고 해당 분야 교역의 증가를 수반한 것으로 보인다. 이러한 변화는 자연적으로 국경 간 데이터 흐름의 증가를 수반하였다. [그림 6-9]에 의하면 세계 데이터 흐름의 한 척도를 제공하는 사용되는 국경 간 인터넷 대역폭이 2008년 이후 115배 증가하였음을 알 수 있다(Struyven and Jatzius, 2022) 그것은 우리가 일상적으로 사용하는 국내외 콘텐트서비스의 리스트를 떠올려보면 전혀 이상할 것이 없는 추세이다. 이러한 세계경제의 구조변화를 생각해 보면 세계화의 추이와 전망을 하는 데 있어서 전통적 관점을 수정할 필요가 있음은 분명해 보인다.

[그림 6-9] 컴퓨터 통신 서비스교역 및 국경간 광대역통신망 소비 추이

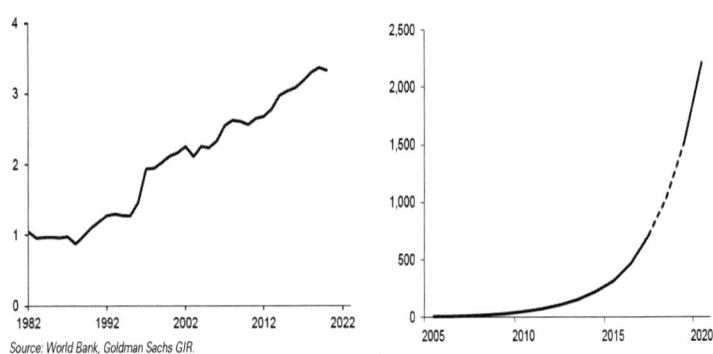

컴퓨터 및 통신서비스 수출, % of GDP   광대역통신망 사용증가, terabits/초

자료) Daan Struyven and Jan Jatzius(2022). "Is the world deglobalizing?" in (De)Globalization ahead?. Goldman & Sacks Global Macro Research.

경제는 성장과 발전을 지속하는 한 반드시 구조의 전환을 수반한다. 세계경제는 2차 세계대전 이후 약 40년간 공산품 시장을 중심으로 세계화가 진행된 이후 약 30년간 서비스 시장의 확대를 지켜보았다. 세계화를 글로벌 차원의 시장통합으로 정의한다면 통합의 방향은 서비스 시장 내의 특정 부문(지식서비스, 사업서비스, 정보통신서비스 등)을 중심으로 비대칭적으로 진행될 것임을 전망할 수 있다. 이러한 변화는 해당 분야뿐만 아니라 산업 전반에 걸쳐 영향을 미친다. 예를 들어, 해당 분야의 산업경쟁력이 전통적인 노동과 자본이 아니라 R&D 투자 및 생산성에 크게 의존한다는 점에서 관련 산업생태계와 지식인력의 공급역량이 높은 선진국이 유리한 위치를 차지한다. 일반 공산품의 경쟁력 역시 임금이 아니라 복합적인 요소(서비스-제조 융합)에 의하여 결정된다. 이러한 경향은 복합적 요소의 집적(agglomeration)에 대한 수요를 증가시킨다는 점에서 가치사슬의 길이를 늘이기보다 지역적으로 국지화하는 효과를 나타낼 것이다. 이는 분명히 과거의 세계화와 다른 모습이다. 그리고 이러한 변화가 다른 세계화(적어도 부분적으로)의 모습이라면 새로운 세계경제질서 역시 이러한 방향과 정합성을 갖고 구축되어 나갈 것이다.

따라서 '강한 역세계화'에 대한 우려는 과거의 기준에 치우친 평가로 보이며 세계경제가 '(또) 다른 세계화'라는 모습으로 진행될 가능성이 더 커 보인다. '다른 세계화'는 탈동조화와 같이 기존의 글로벌가치사슬의 형태에 일정한 변화를 포함하면서도 산업과 기술의 변화를 반영하는 새로운 가치사슬의 구조를 형성해 나가는 과정이다. '다른 세계화'는 요소가격 기반의 비교우위 구조에서 R&D와 혁신을 기반으로 지식재산권의 보호를 더욱 중요시하는 경향을 가속화 할 것이다. 이러한 변화는 기존의 제조업 중심 가치사슬을 전반적으로 대체하지는 않을 것이지만 지식서비스를 포함한 서비스교역을 빠른 속도로 증가시킬 수밖에 없으며 이미 상당폭 진행되었다. 동시에 전통적 교역의 비중(특히, 상품무역의 대 GDP 비중) 감소 추세는 지속되고, 이는 중국을 포함한 신흥국들이 산업구조의 사다리에서 자신의 위치를 변경시키고자 하는 시도에 큰 도전으로 작용할 것이다.

이러한 경향은 지경학적으로도 큰 의미를 갖는다. 산업활동의 융합적 성격이 강화됨에 따라 과거와 같이 높은 효율성을 위한 긴 가치사슬의 유용성은 감소하고 위험은 증가하였다. 제조업에 있어서도 생산의 전방과 후방 공정에 투입되는 서비스가 질적 양적으로 증가하고 이는 다시 생산활동 근거리 내에서의 혁신활동에 대한 수요를 높인다. 다시 말하면 혁신과 서비스 그리고 제조공정의 집적이 유리한 시대로 변화하고 있다. 기업활동의 시장밀접성이 중요시되고 혁신과 서비스공정이 이러한 우선순위에 따라 재배치되는 것도 이러한 이유이다. 최근의 미국이나 유럽의 산업정책도 풍부한 시장을 새로운 비교우위의 원천으로 간주하는 것으로 해석할 수 있다. 개도국 중에서도 이러한 시장 접근성의 확보를 위한 지리적, 정치외교적 수단을 갖춘 국가와 단순히 저렴한 요소가격을 기반으로 한 국가 간의 차별화가 나타날 수도 있다. 이러한 현상이 지경학적 관점에서 글로벌가치사슬의 지역적 재편으로 오해되고 있는 것으로 보인다. 그러나 이러한 변화 역시 기저에서의 산업활동의 성격이 변화함에 따라 가치사슬이 구조적으로 적응해 나가는 과정인 것이다.

미-중 갈등과 세계화의 미래

결론을 위하여 지금까지의 논의를 정리하자. 우선 산업과 기술 등 기저경제의 변화를 최근 미-중 전략경쟁의 중요한 배경으로 보는 관점을 강조하고자 한다. 물론 미국과 중국의 외교·안보적 갈등관계는 양국 경제의 탈동조화를 촉진하는 힘으로 작용한다. 그러나 동시에 세계화와 글로벌가치사슬이 제공하는 혜택이 그 충격을 흡수하고 협력체제의 안정성을 유지시키는 버팀목의 역할을 한다. 관점에 따라 전자의 탈동조화 경향이 지배적이어서 앞으로도 양국의 갈등이 이를 더욱 증폭될 것으로 결론을 내린다 해도 이상하지는 않다. 그러나 다른 한편으로는 극단적 형태의 탈동조화는 가능하지 않으며 세계화가 장기적 차원에서 조정의 과정에 있다는 해석도 충분히 가능하다. 본서에서는 경제 기저상의 변화가 '역세계화' 보다는 '다른 세계화'로의 진화과정을 만들어 내고 있다는 판단에 무게를 둔다.

세계화의 미래를 전망하는 데 가장 중요하게 고려해야 할 요소는 결국 미국의 행보이다. 미국이 실현하고자 하는 목표에 대한 의지와 이를 관철하는 능력은 세계질서 조정과정의 방향에 핵심적 결정요인이다. 미국이 패권국으로서의 지위를 공고히 하려는 의지가 확고함은 바이든 행정부의 정책으로 여과 없이 드러났다. 바이든 행정부는 트럼피즘과의 결별을 선언하면서도 트럼프 행정부의 비자유주의적 조치들을 하나도 빼지 않고 계승했다. 오히려 여기에 더해 '미국의 귀환(America is back)'과 '정상성으로의 복귀(Return to normalcy)'를 주장하면서 자유주의적 패권 전략으로의 복귀를 선언했다.*17

문제는 미국의 능력이다. 중국과 비교했을 때, 미국은 국력의 전 영역에서 현상을 타파하고, 자국 중심의 질서를 형성할 수 있는 더 큰 능력을 가지고 있다. 그러나 군사적 우위를 제외한다면 미국 단독으로 단기간에 중국을 압도할 수 있는 능력을 가진 것으로 평가하기는 쉽지 않다. 제4장에서 논의하였듯이 과거와 같이 자유주의적 전략을 추진할 수 있는 국내적 정치적 환경이 아니다. 이는 미국이 국내 자원의 동원보다는 다른 국가들에 대한 부담 및 비용전가 등 외부로부터의 자원 추출에 의존해야 함을 의미한다. 독자적 수출규제로는 소기의 목적 달성에 충분하지 못하고 여타 공급국에 수출통제를 강제하는 방향으로 확대해야 했다. 미국이 가치동맹을 기술·산업 동맹으로 확장하려는 것도 바로 이런 이유 때문일 것이다.

그러나 미국과 동맹국들 사이의 이해관계나 신뢰도가 중국과의 분리를 감당할 수 있을 만큼 공고한 수준인지 의문이 제기된다. 미국과 유럽, 일본, 한국, 대만 등 생산·기술 동맹의 주요 파트너들 사이에도 산업 및 기술경쟁, 규제 정책, 투자자-국가 분쟁, 보조금 등 다수의 갈등적 쟁점이 존재한다. 당장 미국의 산업정책으로 인하여 파트너 국가의 주요 기업들이 피해받을 가능성도 높다. 한일 갈등이나 한국과 대만의 반도체 경쟁에서 알 수 있는 것처럼 동맹국들 내부의 균열 지점도 존재한다. 따라서 미국이 중층적인 동맹 네트워크를 어느 정도로 안정적으로 관리할 수 있을 것인지가 관건이다.

---

*17 그동안 미국이 이끌어온 자유주의적 시장질서에 배치된다는 점에서 수정주의다. 그렇다고 해서 미국이 비자유주의적 경제질서를 추구한다고 볼 수는 없으며, 미국의 주도적 지위를 확보할 때까지 한시적으로 전술적 의미를 갖는 것으로 볼 수 있다.

바이든 행정부가 동맹의 결집을 통한 반중 전선을 강화하는 데 또 다른 걸림돌이 있다. 'Buy American' 등 트럼프의 미국 우선주의 기조를 유지·강화하는 점, 그리고 미국이 중국 (그리고 러시아) 견제를 위해 비민주 국가들과도 협력할 수밖에 없다는 현실이 바로 그것이다. 중국의 경제적 위상이나 경제 규모를 고려했을 때 미국의 동맹국들은 물론, 미국 자신도 중국과의 완전한 분리를 받아들이기 힘들다는 점 또한 문제다. 미국의 요청을 받은 다수의 국가들이 화웨이 제재 동참에 난색을 표한 바 있고, 독일, 프랑스, 이탈리아가 EU나 G7 차원에서 미국에 협력하면서도 중국과의 갈등을 자제해야 한다는 입장을 표명한 것이 그 방증이다. 2022년 하반기 미국의 중국 배제 전략이 빠르게 강화되는 와중에도 유럽에서 중국으로 자동차 플랜트를 이전하는 기업도 엄연히 존재한다. 미국이 최첨단 장비와 기술의 수출을 통제하더라도 여전히 독립적으로 공급이 가능한 네덜란드와 일본의 기업들도 변수가 된다. 미국 또한 핵심 기술이 아닌 범용 기술과 상품의 경우 수출 면허 규정을 완화해 제재 대상 기업과의 거래를 허용해 왔다. 그 비율은 90%를 상회한다. 미-중 갈등은 민군 겸용 첨단기술이나 장비, 소재, 설계 등 핵심 기술에 있어서의 공급망 분리와 진영화에 국한되어 영향을 끼치게 될 것임을 말해준다.

이상의 정리를 바탕으로 세계화와 관련한 몇 가지 전망을 요약 제시함으로써 이 책의 결론을 대신한다.

첫째, 세계경제는 '역세계화'가 아닌 '다른 세계화'의 방향으로 진화한다.

전통적인 의미에서의 세계화 추세가 둔화하고 있다. 그러나 그것을 세계화의 역전 또는 역세계화와 동일화하는 판단은 적절치 않다. 오히려 무역과 투자 중심의 전통적 세계화가 80-90년대 체증의 기울기 기간을 지나서 2010년경 이후 체감하는 기간에 들어섰고 최근에는 일종의 정상상태에 도달한 것으로 보는 것이 타당하다. 전통적인 상품과 서비스무역이 확장 가능한 한계에 이르렀다는 판단이 반드시 부정적인 의미는 아니다. 현재의 세계화도 여전히 역대 최고 수준에 필적하기 때문이다. 이제는 기술과 산업의 대전환에 따른 세계화의 방향, 즉 경제교류의 양상과 내용이 크게 달라지고 있음에 주목해야 한다.

다른 세계화의 모습은 신산업 분야에 있어서 새로운 글로벌가치사슬의 형성으로 나타날 것이다. 경제의 성장은 자연스럽게 비교역적 성격이 강한 서비스에 대한 수요를 창출시킨다. 따라서 전통적 제조업과 공산품의 교역이 증가하는 추세가 유지된다 할지라도 (재화+서비스)/GDP의 증가율 역시 일정 수준에 도달한 후 언젠가는 정체하는 시간을 맞을 것이다. 전통적인 무역과 투자의 관점에서 보더라도 현 상황을 '역세계화' 보다는 '느린 세계화'로 간주하는 것이 타당하다.

반면에 서비스·공산품 무역의 비중은 계속 상승할 것이다. 산업구조의 변화로 상품무역의 증가에 비하여 서비스무역의 증가가 빠르기 때문이다. 수요의 측면에서 볼 때, 비록 국가별로 차이는 있다 할지라도 전반적인 소득증대에 따른 소비구조의 변화 때문에 이러한 현상은 자연스럽게 발생한다. 공급의 측면에서 볼 때, 세계경제는 '초연결성'과 '초지능'의 시대로 진입하였고 환경문제가 본격적으로 산업의 영역으로 진입하였다. 서비스 무역 중에서도 이러한 산업적 변화와 직접적으로 연관된 지식재산권 및 전문지식 집약적 사업서비스 그리고 정보통신 서비스 등을 중심으로 글로벌가치사슬에 변화가 발생할 것이다. 전통적 제조업에 있어서도 생산요소의 결합형태가 빠른 속도로 바뀌고 있어 이러한 변화를 가속하는 힘으로 작용한다. 첨단 제조업 분야일수록 연구개발+서비스+제조 공정이 '집적(agglomeration)' 되어 '외부적 규모의 경제'를 활용하는 방향으로 GVC를 형성해 나갈 것이다.[*18] 외부적 규모의 경제(external economies of scale)로 인하여 첨단 산업분야가 선진권 경제에 편향되는 비대칭적 지리적 분포를 만들어 낼 것으로 전망된다.

임금과 같은 전통적 생산요소의 상대적 중요성이 낮아지고 지식과 기술요소의 중요성 증가는 첨단 산업에 있어서의 선진권 경제의 경쟁력을 더욱 강화시킨다. 경제외적 변수가 없다 하더라도 산업상의 변화 그 자체가 경제활동의 지리적 분포를 변화시키는 힘으로 작용할 것임을 말해준다. 따라서 전통적 세계화의 과정에서 국가 간 불평등을 초래하였던 것과 같이 '다른 세계화'의 과정 역시 그 혜택이 선진권과 비선진권 간에 비대칭적으로 향유될 것이다. '다른 세계화'가 이전의 세계화 과정이 드러낸 국가 간 불평등이 재현할 가능성은 매우 높다.

미국의 첨단·안보 민감산업에 대한 강력한 산업정책은 일정 기간 동안 '시장 내 경쟁' 즉 기업 간의 경쟁 보다 '국가 간 경쟁'의 양상이 상대적으로 강화될 것임을 말해준다. 기존의 국제 경제 질서에서 강조되던 '공정경쟁'의 당위성은 당분간 수면 아래에 머

[*18] 외부적 규모의 경제(external economies of scale)는 기업의 생산함수에서 비롯되는 내부적 규모의 경제(internal economies of scale)와 달리 기업의 외부 환경 때문에 발생한다. 특정 기업은 관련 산업이 집적된 위치에서 생산 활동을 함으로써 기술, 인력, 마케팅 등의 차원에서 유형·무형의 혜택을 누릴 수 있다. 오늘날 반도체와 생명공학 등 첨단 산업 분야를 중심으로 집적단지를 조성하는 이유이기도 하다. 실리콘 밸리는 이러한 집적이 자연발생적으로 생겨난 결과이다.

물고 시장이 아니라 국가 간의 전략적 경쟁이 주를 이루는 지형을 관찰할 수밖에 없다. 산업의 변혁기에 신산업에서의 주도권 확보를 위한 국가 단위의 경쟁을 제어할 국제적 메커니즘은 존재하지 않는다. 따라서 미-중 갈등으로 경제의 진영 간 블록화 또는 탈동조화가 초래된 것이 아니라 산업과 기술 등 경제 기저 상의 변화가 이를 만들어 내는 것으로 해석되어야 한다. 주요 진영 간의 외교·안보적 갈등이 이러한 흐름을 가속하는 것은 물론이다.

세계경제는 '세계화'를 통하여 국가별 비교우위와 규모의 경제를 적극적으로 활용함으로써 성장을 향유하였다. 국가 차원에서의 경쟁을 통해 기술 및 산업상의 우위를 차지해야 하는 변화의 특이점에 도달하였다. 다시 경쟁과 갈등의 시대에 진입한 국제사회가 새로운 협력체제를 복원하기 위해서는 새로이 형성되고 있는 산업적 기술적 이해관계를 둘러싼 경쟁과 갈등이 '충분히' 깊어지는 과정을 거쳐야 함을 시사한다.

둘째, 비관적 시나리오의 가능성[19]

어쩌면 세계는 훨씬 더 비관적 상황으로 돌입하고 있을 수도 있다는 우려가 반드시 비현실적인 것만은 아니다. 러시아의 우크라이나 침공에서 보듯이 외교·안보적 환경의 악화를 전혀 배제할 수 없기 때문이다. 특히 국제질서의 안정성을 보장할 수 있는 힘과 리더십을 갖춘 국가가 부재한 G-zero의 상황도 상상할 수 있다. 국제사회가 이와 같이 이른바 국제적 궐위(闕位, interregnum)의 상황을 맞게 되면 1차와 2차 세계대전 사이의 기간과 유사한 혼란을 맞을 수도 있다. 그 정도는 아니라 할지라도 상대적 쇠퇴에 직면한

---

[19] 아래의 내용은 공민석(2022)의 내용을 참조하여 간략히 재구성 및 보충한 것이다.

패권국 미국의 수정주의 전략으로 인해 세계질서의 불안정성이 심화되는 수준을 넘어 자유주의적 질서를 회복하지 못할 수도 있다는 우려의 배경이다.

미국의 이익 추구 비용이 다른 국가들에게 전가되는 패권 불안정(hegemonic instability)의 상황도 현실적으로 예상해 볼 수 있다. 근년에 목격하는 바와 같이, 미국의 능력과 의지를 고려했을 때 이런 시나리오의 현실화 가능성은 결코 작다고만 할 수는 없다. 물론 미국의 공세적 전략 하에서 세계화가 확대된 1980년대와 같이 미국이 다시 패권적 지위를 확보하고 이를 기반으로 자유주의적 질서가 안정화될 수도 있다. 그것이 미국이 추구하는 바이지만 시장지배적 질서 하의 국제사회가 수용가능한 가장 현실적 시나리오이기도 하다. 그러나 이 경우에도 과거처럼 전통적 의미의 세계화가 확대될 가능성은 낮다. '다른 세계화'와 글로벌가치사슬의 지역적 재편이라는 모습으로 귀결될 것이다.

셋째, 미-중 전략경쟁이 국제 경제질서의 파국으로 이어질 가능성은 높지 않다.

미-중 전략경쟁의 본질은 산업 및 기술적 대전환 과정에서 미국이 중국과의 격차를 최대한 벌리고 첨단 및 안보적으로 민감한 산업·기술상의 절대적 우위를 확보하는 데 있다. 따라서 양국 간의 갈등으로 인하여 국제 경제질서 그 자체가 파국으로 이어질 것이라는 전망은 논리적 비약으로 보인다. 산업 및 기술적 우위의 확보가 기존의 경제적 상호의존 관계의 희생을 전제해야 할 필요는 없다. 그리고 그 비용은 미국을 포함한 세계경제 전체가 감당하기에는 너무 크기 때문이다.

물론 이러한 전망에 대한 확신을 주저하게 만드는 주장들이 있다. 자유주의적 국제질서의 복구를 강조하는 논의들은 미국의 리더십 회복이 안정적인 국제질서 회복의 첩경이라고 전망한다 (Ikenberry, 2020; Rose, 2019). 미국 주도의 민주주의 연합이 독재·권위주의 세력에 확실한 우위를 점할 때 국제질서의 안정이 보장된다는 것이다(Brands and Gaddis, 2021; Brands, 2021). 반면에 '투키디데스 함정'이나 '킨들버거 함정' 같은 파국적 시나리오를 통하여 현재의 미-중 패권경쟁을 설명하기도 한다. 그러나 투키디데스 함정에서 전제하는 것과 같이 중국의 국력이 전쟁을 감수할 수준이라고 믿거나 미국에 정면 도전할 수 있을 정도로 성장했다고 보기는 어렵다. 킨들버거 함정의 주장처럼 미국은 국제질서 관리의 의지는 충분하나 그 능력이 과거와 같지 않다거나 중국은 능력은 충분한데 의지가 부족한 상황으로 보는 것도 현실적이지 않다.

미국의 자국 중심주의적이며 수정주의적 전략은 부분적으로 또 단기적으로 자유주의적 국제질서의 기능을 희생시킨다. 그러나 이는 장기적으로 미국을 중심으로 한 자유주의적 질서의 안정성 재건을 위한 것으로 해석된다. 이를 위하여 동맹국을 결집해 반중 전선을 구축하고 진영구도를 강화하는 전략을 추구하고 있는 것이기도 하다. 다시 말하면 현재의 충돌적 과정은 자유주의적 진영을 중심으로 한 국제질서를 회복하기 위한 과정으로 보는 것이다. 공격적인 미국의 정책이 1970-80년대 패권 쇠퇴기의 대응과 유사점을 발견할 수 있는 이유이기도 하다.

문제는 과거와 같이 미국이 새로운 패러다임을 창조하여 패권국의 지위를 공고히 할 능력을 갖고 있느냐는 것이다. 우선 미국 단독으로 단기간에 중국을 압도할 수 있는 능력을 가진 것으로 평가하기는 쉽지 않다. 미국이 외부 자원, 즉 가치동맹을 기술·산업 동맹으로 확장하려는 이유이다. 첨단 전략산업 및 기술을 제외하면, 미국경제가 중국경제와의 완전한 분리를 감당하기도 힘들다. 실제로 중국에 대하여 핵심 기술이 아닌 범용 기술과 상품 무역 대부분을 허용하고 있는 현실이 증명한다. 미-중 갈등은 핵심 기술에 있어서의 공급망 분리로 이어진다고 하더라도 세계경제 전반의 관점에서 볼 때 국소적인 영역에 머문다. 여전히 세계는 일상적이고 그래서 더 필수적이며 절대적 비중을 차지하는 경제 활동으로 엮여 있다. 따라서 냉정히 바라볼 때 미국의 정책을 '국소적 탈동조화'로 규정하는 것이 적절하다. 이러한 수준의 국가 간 경쟁이 국제 경제질서의 파국으로 귀결한 것은 세계대전의 경험에 한정된다. 미국의 대중 기술 수출 제한 비율이 5% 미만이라는 사실은 95%의 상호의존성이 여전히 유효하다는 증거이다. 첨단 전략산업에서 우위를 확보하고자 하는 정책목표와 95%의 상호의존적 경제관계라는 현실적 이해관계가 양립하지 못할 이유는 없고 이의 희생을 감내하기란 불가능해 보인다.

넷째, 단기간 내 산업·기술 대전환을 수용할 새로운 다자간 협력 메커니즘의 성립은 기대할 수 없다.

WTO의 성립과 유사한 수준의 다자적 협력 메커니즘은 상당 기간 기대하기 어려울 것으로 전망된다. 네트워크 연결성이 늘어나고 복잡해질수록 네트워크 붕괴확률이 높아진다는 실험 결과는 세계화의 고도화에 따른 국제협력체제의 불안정성이 불가피하다는 뜻이다. 글로벌가치사슬을 네트워크의 관점에서 볼 때 그 연결성의 확장과 복잡성으로 인하여 붕괴의 위험을 숙명적으로 내포한다. 그러나 이처럼 증가한 리스크를 관리할 수 있는 국제협력체제의 성립은 현재로서는 상상하기 쉽지 않다. 이러한 불안정성을 극복하기 위한 새로운 체제의 성립이 지난함을 우루과이라운드 협상을 통해 경험하였다. 나아가 도하개발아젠다 협상의 실패를 통하여 재확인되었다. 다자적 국제협력 메커니즘의 설립이 가능하기 위해서는 시장으로부터의 충분한 요구가 선행되어야 한다.

WTO에 대하여 높은 평가를 내릴 수 있는 것은 오랜 시간에 걸쳐 진행된 기저경제의 변화를 국제사회가 다자적 협력을 통하여 기어이 수용해 내었다는 사실 때문이다. 그러나 이러한 성취가 새로운 변화의 추동력은 아님을 제1장에서 논증한 바와 같다. WTO가 수용한 것은 서비스교역의 확대와 지식재산권 보호에 대한 시장의 수요였다. 그 경험에도 불구하고, 오늘날 빠르게 진행되고 있는 산업과 기술의 발전, 생산방식의 변화 그리고 미국이 추진하는 새로운 공급망의 형성 등, 이 모든 변화를 어떠한 메커니즘이 수용할 수 있을지 상상하기는 쉽지 않다. 국가안보적 이해관계가 크게 작용하는 반도체, 배터리, AI 관련 기술과 데이터, 그리고 이를 둘러싼 지식재산권 보호, 다국적 기업에 대한 초국가적 규율 등은 국제규범의 관점에서 여전히 생소하며 국가 간 이해관계의 구조는 미성숙한 상태에 있다. 이를 다자적으로 관리하는 규범이 만들어지기 위해서는 상당한 기간에 걸쳐 이해관계와 비교우위 구조가 충분히 성숙하는 과정이 선행되어야 한다. 그 과정이 구체적으로 어떠한 모습이 될지 미지수인 것은 당연하다. 세계경제가 구조의 고도화를 거치면서 산업활동이 혁신에서 출발하여 성숙화와 표준화라는 일반적인 과정을 거친 경험을 갖고 있다. 상품무역, 자본거래, 서비스무역 모두 예외가 아니었다.

다만 어떠한 형태의 협력 메커니즘이든 일부 국가와 특정 산업을 중심으로 일부 국가 간의 규범제정이 선행되는 것은 일반적이다.[*20] 미국이 IPEF를 통하여 미래의 아젠다를 설정하고 참여 국가들을 중심으로 협력을 추진하는 것은 그 전형적인 과정을 진행하는 것으로 볼 수 있다. OECD의 양대 자유화규약이 부분적으로나마 WTO를 통하여 다자화되었고, 우루과이라운드 협상 과정에서 일부 국가들이 정보·통신분야 합의를 통하여 다자협상의 추진력을 제공하였다. 심지어는 전혀 구속력이 없는 APEC(아시아태평양경제협력체) 역시 우루과이라운드에서 EU를 압박하는 기제로 작용하였다. 따라서 미국이 TPP를 탈퇴하고 CPTPP에도 참여하지 않은 것은 한편으로는 전통적인 시장개방 중심의 협력 메커니즘에 대한 효용성을 찾지 못했기 때문으로 보아야 한다. IPEF와 같이 일부 국가들 간의 협력이 신산업 분야에서의 우위 확보와 규범제정을 선도하는 데 효과적이라 판단하고 있는 것이다. 물론 소수의 국가를 중심으로 형성된 협력체계가 성공적으로 다자화한 경험 역시 흔치 않았다. 가능하다 하더라도 오랜 시간과 비용을 수반할 수밖에 없음을 20세기에 경험하였다.[21] 산업과 기술의 대변화를 뒷받침하는 국제협력 메커니즘에 대한 시장수요가 성숙하기까지 상당한 시간이 걸릴 것이다. 지금은 국가 단위의 경쟁이 지배적인 현상을 관찰할 수밖에 없는 시간이다.

---

[20] 실제로 서비스무역 자유화에 대한 규범도 1960년대부터 합의된 OECD 규약의 다자적 확장이라고 할 수 있다. 이것이 다자화하는 데 30년이라는 시간이 소요되었음을 상기할 필요가 있다.

[21] OECD 회원국이 되기 위해서는 자본자유화 규약과 경상거래 외 거래 자유화 규약(이는 실제로는 서비스 자유화와 동일)을 일정 수준 이상 수용해야 한다. OECD가 60년대 초에 출범하였음을 감안하면 이 규약을 다자화하는 데 30년 이상 소요되었음을 알 수 있다.

참고문헌

Aggarwal, V. K. (2010). Look West: the evolution of US trade policy toward Asia. *Globalizations*, 7(4), 455-473.

Ahmed, S. et al.(eds.). (2020). *Making U.S. Foreign Policy Work Better for the Middle Class*. Carnegie Endowment for International Peace.

Allen, J. R., & Jones, B. (2021). What climate change will mean for US security and geopolitics. Brookings Institution.

Amador, J., & Cabral, S. (2016). Global Value Chains: Surveying Drivers, Measures. *Journal of Economic Surveys*, 30(2), 278-301.

Andrews, D. M. (2006). Monetary Power and Monetary Statecraft. in David M. Andrews(ed.). *International Monetary Power*. Ithaca, N. Y.: Cornell University Press, 7-30.

Anonymous. (2021). The Longer Telegram: Toward A New American China Strategy. *Atlantic Council*.

Antràs, P. (2020). *De-globalisation? Global value chains in the post-COVID-19 age* (No. w28115). National Bureau of Economic Research.

Arrighi, G. (1994). *The long twentieth century: Money, power, and the origins of our times*. New York: Verso.

Baldwin, D. A. (1985). *Economic statecraft*. Princeton University Press.

Baldwin, R., & Lopez-Gonzalez, J. (2015). Supply-chain trade: A portrait of global patterns and several testable hypotheses. *The world economy*, 38(11), 1682-1721.

Baldwin, R., & Venables, A. J. (2013). Spiders and snakes: Offshoring and agglomeration in the global economy. *Journal of International Economics*, 90(2), 245-254.

Balsa-Barreiro, J., Vié, A., Morales, A. J., & Cebrián, M. (2020). Deglobalization in a hyper-connected world. *Palgrave Communications*, 6(1), 1-4.

Bateman, J. (2022). *Buying Time, Maintaining Control: U.S. Technology Restrictions and Partial Decoupling from China*. Washington, DC: Carnegie Endowment for International Peace.

Bearce, D. H. (2003). Grasping the commercial institutional peace. *International Studies Quarterly*, 47(3), 347-370.

Bearce, D. H., & Omori, S. (2005). How do commercial institutions promote peace?. *Journal of Peace Research*, 42(6), 659-678.

Block, F. L. (1977). *The origins of international economic disorder: a study of United States international monetary policy from World War II to the present* (No. 214). Berkley, California: Univ. of California Press.

Brands, H. (2021). The Last Chance for American Internationalism: Confronting Trump's Illiberal Legacy. *Foreign Affairs* (January 20, 2021).

Brands, H., & Beckley, M. (2021). China Is a Declining Power and That's the Problem. *Foreign Policy* (September 24, 2021).

Brands, H., & Gaddis, J. L. (2021). The New Cold War: America, China, and the Echoes of History. *Foreign Affairs*, Vol.100, No.6 (November/December, 2021): 10-21.

Broda, C., & Weinstein, D. E. (2010). Product creation and destruction: Evidence and price implications. *American Economic Review*, 100(3), 691-723.

Calleo, D. P. (2009). Twenty-First Century Geopolitics and the Erosion of the Dollar Order. in Eric Helleiner & Jonathan Kirshner(eds.). *The Future of the Dollar*, Ithaca, N.Y.: Cornell University Press, 164-190.

Canuto, O. (2022). Slowbalization, Newbalization, Not Deglobalization. *Policy Center for the New South, June 1st.*

Center for a New American Security. (2020). *Common Code: An Alliance Framework for Democratic Technology Policy.*

Chen, L., & Naughton, B. (2016). An institutionalized policy-making mechanism: China's return to techno-industrial policy. *Research Policy*, 45(10), 2138-2152.

Chivvis, C. S., & Kapstein, E. (2022). US Strategy and Economic Statecraft: Understanding the Tradeoffs. Washington DC: Carnegie Endowment for International Peace.

Cohen, B. (2018). *Currency Power.* Princeton, N.J.: Princeton University Press.

De Cecco, M. (2009). Monopoly to Oligopoly: Lessons from the Pre-1914 Experience. in Eric Helleiner & Jonathan Kirshner(eds.). *The Future of the Dollar.* Ithaca, N.Y.: Cornell University Press, 116-141.

Di Giovanni, J., Kalemli-Özcan, Ş., Silva, A., & Yildirim, M. A. (2022). *Global Supply Chain Pressures, International Trade, and Inflation* (No. w30240). National Bureau of Economic Research.

Dooley, M. P., Folkerts-Landau, D., & Garber, P. M. (2003). An essay on the revived Bretton Woods system. NBER Working Paper, No.9971.

Duménil, G., & Lévy, D. (2001). Periodizing Capitalism. in Robert Albritton(ed.). *Phases of Capitalist Development.* New York, N.Y,.: Palgrave.

Duménil, G., & Lévy, D. (2004a). The Economics of US Imperialism at the Turn of the 21st Century. *Review of International Political Economy*, 11(4), 657-676.

Dumenil, G., Dumenil, G., & Levy, D. (2004b). *Capital resurgent: Roots of the neoliberal revolution.* Cambridge, Massachusetts: Harvard University Press.

Duménil, G., & Lévy, D. (2011). *The Crisis of Neoliberalism.* Cambridge,

Massachusetts: Harvard University Press.

Ekbaldh, D. (2010). *The Great American Mission: Modernization and the Construction of a American World Order*. Princeton University Press.

Eichengreen, B. (2011). *Exorbitant Privilege: The rise and fall of the Dollar and the Future of the International Monetary System*. New York: Oxford University Press.

Fajgelbaum, P., Goldberg, P. K., Kennedy, P. J., Khandelwal, A., & Taglioni, D. (2021). *The US-China trade war and global reallocations* (No. w29562). National Bureau of Economic Research.

Ferguson, N., & Schularick, M. (2007). 'Chimerica' and the global asset market boom. *International Finance*, 10(3), 215-239.

Frankel, J. A. (2007). *Responding to financial crises*. KSG Faculty Research Working Paper Series.

Garcia-Herrero, A.. 2019. From globalization to deglobalization: Zooming into trade. *Las claves de la globalizacion*, 4.

Gerstle, G. (2022). *The Rise and Fall of the Neoliberal Order: America and the World in the Free Market Era*. Oxford University Press.

Gilpin, R. (1976). *U.S. Power and the Multinational Corporation*. New York, N.Y.: Basic Books.

Gilpin, R. (1981). *War and Change in World Politics*. Cambridge, M.A.: Cambridge University Press.

Goodman, M. P., & Arasasingham, A. (2022). Regional Perspectives on the Indo-Pacific Economic Framework. *Center for Strategic & International Studies, CSIS Briefs*.

Goodman, M. P., & Reinsch, W. A. (2022). Filling In the Indo-Pacific Economic Framework. *Center for Strategic & International Studies*, January, 26.

Goulard, S. (2020). The impact of the US-China trade war on the European Union. *Global Journal of Emerging Market Economies*, 12(1), 56-68.

Gowan, P. (1999). *The Global Gamble*. New York, N.Y.: Verso.

Griswold, D. T. (1998). America's maligned and misunderstood trade deficit. *USA TODAY-NEW YORK-*, 127, 14-17.

Grosse, R., Gamso, J., & Nelson, R. C.. 2022. De-globalization is a myth. *AIB Insights*, 22(2).

Guttmann, R. (1994). *How Credit-Money Shapes the Economy: The United States in a Global System*. New York: M. E. Sharpe.

Hoekman and Kostecki(1995). Political Economy of the World Trading System.

House, W. (2018). How China's economic aggression threatens the technologies and intellectual property of the United States and the World. *White House Office of Trade and Manufacturing Policy*, 19.

Hummels, D., Ishii, J., & Yi, K. M. (2001). The nature and growth of vertical specialization in world trade. *Journal of international Economics*, 54(1), 75-96.

Hyland, W. G. (1999). *Clinton's World*. Wesport, C.T.: Praeger.

Jackett, J., & Edel, C. (2022). A Comprehensive Approach to Indo-Pacific Allied Technology Cooperation: Defend, Advance, Assist. Center for Strategic & International Studies, Working Paper.

Jain, A., & Kroenig, M. (2022). Toward a Democratic Technology Alliance: An innovation edge that favors freedom. Atlantic Council, Report June 13, 2022.

Joseph, E. S. (2022). *Getting deglobalization right*. Project Syndicate.

Kindlebeger, C. (1973). *The World in Depression 1929-1939*. Berkeley, C.A.: University of California Press.

Krishner, J. (1995). *Currency and Coercion*. Princeton, N.J.: Princeton University Press.

Krasner, S. (1976). State Power and the Structure of International Trade.

World Politics, 28(3), 317-347.

Koopman, R., Wang, Z., & Wei, S. J. (2014). Tracing value-added and double counting in gross exports. *American Economic Review*, 104(2), 459-94.

Paul Krugman, Making sense of the competitiveness debate, Oxford Review of Economic Policy, vol. 12, no. 3(1991)

Lemco, J. et al. (2021). *The deglobalization myth(s)*. Vanguard Research: Megatrend.

Lincicome, S. (2022). *Globalization is alive, well, and changing*. CATO Community Institute.

Lund, S. (2020). Deglobalization? comments in paper by Pol Antràs. Mckinsey Global Institute.

Mastanduno, M. (2009). System Maker and Privilege Taker. *World Politics*, 61(1), 121-154.

McKinsey Insights. (2019). Five hidden ways that globalization is changing.

McMichael, P. (2012). *Development and Social Change*. Washington D.C.: Sage Publications.

Mikesell, R. F., & Mikesell, R. F. (1994). *The Bretton Woods debates: a memoir* (Vol. 192). Princeton: International Finance Section, Department of Economics, Princeton University.

Odell, J. S. (1982). *U.S. International Monetary Policy*. Princeton, N.J.: Princeton University Press.

OECD. (2019). *Guide to OECD's trade in value added (TiVA) indicators*, 2018 edition.

Office of the Chief Economist, CANADA (2011), The Evolution of Global Value Chains, Cananda's State of Trade, pp. 86-87.

Priebe, M., Rooney, B., Beauchamp-Mustafaga, N., Martini, J., & Pezard, S. (2021). *Implementing Restraint: Changes in US Regional Security*

Policies to Operationalize a Realist Grand Strategy of Restraint. RAND CORPORATION.

Rist, G. (2014). *The History of Development: From Western Origins to Global Faith.* Zed Books.

Roberts, A., & Lamp, N. (2021). *Six Faces of Globalization: Who Wins, Who Loses, and Why It Matters.* Harvard University Press.

Rochon, L-P., & Rossi, S. (2006). *Monetary and Exchange Rate Systems.* Cheltenham: Edward Elgar.

Rossi, E. (2022). Deglobalization or slowbalization?. Aspenia Online.

Roubini, N., & Mihm, S. (2010). *Crisis Economics: A Crash Course in the Future of Finance.* New York: The Penguin Press.

Schweller, R. (2018). Three Cheers for Trump's Foreign Policy. *Foreign Affairs*, 97(5): 133-143.

Seabrooke, L. (2001). *US Power in International Finance.* Hampshire, N.Y.: Palgrave Macmillan.

Segal, S., & Gerstel, D. (2021). *Degrees of Seperation: A Targeted Approach to U.S.-China Decoupling - Interim Report.* Center for Strategic and International Studies.

Sinha, A. (2021). Understanding the 'crisis of the institution'in the liberal trade order at the WTO. *International Affairs*, 97(5), 1521-1540.

Stephen, S. R. (2019). Japan then, China now. Project Syndicate.

Struyven, D., & Hatzius, J. (2022). Is the world deglobalizing?. Goldman Sachs Global Economics Research, Issue 108.

Trump, D. J. (2017). *National security strategy of the United States of America.* Executive Office of The President Washington DC Washington United States.

U.S. Department of Defense. (2019). *Indo-Pacific Strategy: Preparedness, Partnerships, and Promoting a Networked Region.*

U.S. Department of State. (2019). *A free and open Indo-Pacific: Advancing a shared vision*.

U.S. Trade Representative. (2018). *Trade Policy Agenda and 2017 Annual Report of the President of the United States on the Trade Agreements Program*.

U.S. Trade Representative. (2020). *National Trade Estimate Report on Foreign Trade Barriers*.

Van der Marel, E. (2020). *Globalization isn't in decline: It's changing* (No. 6/2020). ECIPE Policy Brief.

Vermeire, M. (2014). *Power and Imbalances in the Global Monetary System: A Comparative Capitalism Perspective*. Hampshire, N. Y: Palgrave Macmillan.

Walter, A. (1991). *World Power and World Money*. New York, N.Y.: St. Martin's Press.

Wang, Z., Wei, S. J., & Zhu, K. (2013). *Quantifying international production sharing at the bilateral and sector levels* (No. w19677). National Bureau of Economic Research.

White House. (2021). *Building Resilient Supply Chains, Revitalizing American Manufacturing, and Fostering Broad-based Growth: 100-Day Reviews under Executive Order 14017*.

White House. (2022). *Indo-Pacific Strategy of the United States*.

Witt, M. A. (2019). De-globalization: Theories, predictions, and opportunities for international business research. *Journal of International Business Studies*, 50(7), 1053-1077.

김두얼. (2008). 「애덤 스미스의 시대착오?」. KDI 경제정보센터, 『나라경제』, 2008년 10월호.

배영자. (2021). 미중경쟁 2050: 첨단기술-반도체. 서울: 동아시아연구원.

백창재. (2008). 미국 패권연구. 서울: 인간사랑.

백창재. (2015). 미국 무역정책 연구. 서울: 사회평론.

유현정. (2021). 미중 글로벌 공급망 경쟁의 전략적 함의. INSS 전략보고, December 2021, No.152. 서울: 국가안보전략연구원

은종학. (2021). 중국과 혁신: 맥락과 구조, 이론과 정책 함의. 한울.

이승주. (2021). 미중경쟁 2050: 첨단기술-ICT(5G). 서울: 동아시아연구원.

이왕휘. (2021). 미중 디지털 통화 경쟁. 서울: 동아시아연구원.

이용욱. (2021). 미중경쟁 2050: 통화금융. 서울: 동아시아연구원.

이창수. (2020). 「GVC 분석과 시사점」. 이창수·박지원·송백훈·제성훈, 『유라시아경제연합(EAEU) 통합과정 평가와 한국의 협력 전략』. KIEP 전략지역 심층연구 20-04.

중국정부업무보고(政府工作報告). 각 년도.

최필수·이현태. (2021). 쌍순환 구상과 14· 5 계획에 나타난 중국의 산업정책과 한국의 대응방안. 중소연구, 44(4), 151-196.

현상백·최원석·문지영·이효진·오윤미. (2020). 중국 14차 5개년 규획(2021~ 25)의 경제정책 방향과 시사점. 대외경제정책연구원 오늘의세계경제, 2020-29.

国发. (2010). 32号, 国务院关于加快培育和发展战略性新兴产业的决定.

国发. (2012). 28号, 国务院关于印发"十二五"国家战略性新兴产业发展规划的通知.

科學技術部. (2015). 国家重点研发计划重点专项.

THEELEC. (2022. 7. 28.). SMIC 7nm 공정 진짜 개발했나? 적용 기술은 기존 'DUV' 장비 활용한 더블패터닝.
https://www.thelec.kr/news/articleView.html?idxno=17577

한중과학기술협력센터(https://kostec.re.kr)

中共中央, 中国这十年,
https://baike.baidu.com/item/中国这十年/60829206?fr=aladdin
(접속일 2022. 7.25.)

저자 약력

한홍열 교수는 한양대학교 경제학부에 재직 중이며 Univ. of Pittsburgh에서 경제학 박사학위를 취득하였다. 현재 코리아컨센서스연구원 이사장을 맡고 있다. 국민경제자문위원회 대외경제 위원을 역임하였다. 1장의 공동집필과 6장의 집필 그리고 전체 원고의 취합과 조정을 담당하였다.

이창수 교수는 현재 경희대학교 국제학과에 재직 중이며, 주요 연구분야는 미-중 무역 갈등 등 국제통상 이슈에 대한 정량분석이다. MRIO 등 세계산업 연관 자료를 활용한 글로벌가치사슬 분석과 CGE(Computable General Equilibrium) 분석이 대표적이다. 호주 국립 대학교에서 경제학 박사학위를 취득하였고, 대외경제정책연구원(KIEP)에서 연구위원을 역임하였다. 2장의 집필을 담당하였다.

공민석 교수는 현재 제주대학교 정치외교학과에 재직 중이며, 주요 연구 분야는 미국 패권, 미국 대외전략, 동아시아 국제관계 등이다. 서울대학교에서 학사, 석사, 박사학위를 취득했고, 서울대학교, 이화여자대학교 강사, 고려대학교 초빙교수, 서강대학교 사회과학연구소 선임연구원을 역임했다. 현재 통일부 통일정책 자문위원을 맡고 있다. 1장의 공동집필과 3장의 집필을 담당하였다.

이왕휘 교수는 현재 아주대학교 정치외교학과에 재직 중이며, 주요 연구분야는 경제안보와 미중관계이다. 영국 런던정경대(LSE)에서 국제정치학 박사학위를 취득하였고, 현재 외교부, 산업통상자원부, 과학기술정보통신부에 정책을 자문하고 있다. 4장의 집필을 담당하였다.

최필수 교수는 세종대학교 국제학부 중국통상학과에 재직 중이며, 주요 연구분야는 중국경제 전반과 한중관계이다. 연세대에서 중어중문학 학사와 경제학 석사학위를 취득했고, 일본 히토츠바시 ICS에서 경영학 석사를, 중국 칭화대학 경제관리학원에서 박사학위를 취득했다. 한중미래발전위원회 경제분과 위원을 역임했으며, 한중관계와 중국경제에 대한 많은 논문과 저서들을 발표했다. 5장의 집필을 담당하였다.

코리아컨센서스연구원

역세계화 vs. 다른 세계화:
미-중 갈등과 세계화의 미래

1판 1쇄 발행	2022년 11월 30일
지은이	한홍열, 공민석, 이창수, 이왕휘, 최필수
발행인	한홍열
편집·디자인	이찬미
발행일	2022년 11월 30일
발행처	코리아컨센서스연구원 서울특별시 종로구 자하문로17길 12-10, 3층 전화: 02-3147-0633 이메일: kci@lkoreaconsensus.org 홈페이지: www.koreaconsensus.org
등록	2015년 2월 6일 제300-2015-20호
ISBN	979-11-951660-7-7 (93300)
값	15,000원

* 이 책은 (사)코리아컨센서스연구원이 저작권자와의 계약에 따라 발행한 것이므로 본 연구원의 서면 허락 없이는 어떠한 형태나 수단으로도 이 책의 내용을 이용하지 못합니다.

* 잘못된 책은 구입하신 서점에서 바꾸어 드립니다.